Brigitte Holzinger • Der luzide Traum

Brigitte Holzinger

Der luzide Traum

Phänomenologie und Physiologie

WUV-Universitätsverlag

Die Deutsche Bibliothek – CIP-Einheitsaufnahme

Brigitte Holzinger:
Der luzide Traum : Phänomenologie und Physiologie / Brigitte Holzinger. -
2., überarb. Aufl. - Wien : WUV-Univ.-Verl., 1997
ISBN 3-85114-337-X

2. überarb. Auflage 1997

Umschlaggestaltung: A + H Haller
Umschlagbild: Peter Vogt Ass., Karin Zeitlhuber (Collage)
Satz und Druck: WUV-Universitätsverlag
Printed in Austria
ISBN 3-85114-337-X

Gedruckt mit Unterstützung durch das Bundesministerium
für Wissenschaft und Verkehr

Inhaltsverzeichnis

1. Was ist ein Traum? 9
1.1 Definitionsversuche 10
1.1.1 Typische Eigenschaften des Traumes 13
1.1.1.1 Bizarrheit des Erlebens im Traum 14
1.1.1.2 Sinnlichkeit im Traum 14
1.1.1.3 Affekt und Antrieb im Traum 16
1.2 Definition von Klartraum oder luzidem Traum 17
1.2.1 Sogenannte „Realitychecks“ 20

2. Schlaf, Traum und luzider Traum: Geschichte und Geschichtchen 21
2.1 Der Traum und seine Deutung 21
2.2 Geschichte(n) zum luziden Traum (nach Stephen LaBERGE) 30

3. Induktion von luziden Träumen 36
3.1 Induktion durch „Bewußtsein“, Einstellung, Motivation und Konditionierung 36
3.2 Induktion durch externe Stimuli 37

4. Physiologische Grundlagen 41
4.1 Zyklen, die Schlafen und Wachen bestimmen 41
4.1.1 Infra-, circa- und ultradiane Rhythmen 41
4.1.2 Der Schlafzyklus 43
4.1.2.1 Meßgrößen und deren Kennwerte 43
4.1.2.2 Folgen der Schlafdeprivation 51
4.2 Hirnphysiologische Grundlagen 57
4.2.1 PGO 59
4.2.2 Gibt es ein REMzentrum? Lassen Neurotransmitter schlafen? 61
4.3 Kortikale Lokalisationen 67

5. Der luzide Traum 78
5.1 Entstehung und Entwicklung der Klartraumforschung 78

5.2 Physiologische Korrelate des luziden Traumes 81
5.3 Physiologische Luziditätsankündigung 84
5.4 Gibt es einen Luzidität begünstigenden Zeitpunkt? 87
5.5 Die Suche nach weiteren physiologischen und phänomenologischen Merkmalen des Klartraums 87
5.5.1 Maske und Signale 89
5.5.2 Ergebnisse 92

6. Wozu luzide träumen? 101
6.1 Traum und Therapie 101
6.1.1 Der luzide Traum als Technik der Psychotherapie ... 102
6.1.1.1 Wissenschaftliche Beiträge 104
6.1.1.2 Der luzide Traum im Lichte psychotherapeutischer Schulen 106
6.1.1.3 Das Träumen in der Gestalttherapie 108
6.1.2 Der luzide Traum als Begleitung auf dem Weg zum Selbst 112

7. Das bewußte Unbewußte 118
7.1 Die Funktion von Neuronen 119
7.1.1 Struktur und Dynamik von Persönlichkeit 121
7.2 FREUDs Traummodell 123
7.3 HOBSONs Vorschlag zur Revision von FREUDs Modell ... 126

8. Traum und Bewußtsein 129
8.1 Luzider Traum und Bewußtsein 130
8.1.1 Zur Physiologie und Epistemologie des Ich-Bewußtseins 130
8.1.2 HOBSONs Würfelmodell 131

9. Ideen und Vorschläge 132

Literaturverzeichnis 137

„For some must watch, while some must sleep
So runs the world away"
William Shakespeare, Hamlet (1601)

1. Was ist ein Traum?

Vielleicht gibt es gar kein psychisches Erleben im Schlaf, wie SNYDER 1969 meinte; vielleicht greifen Ausläufer des REMstadiums in den Wachzustand über und vergrößern einfach die Fähigkeit zur Konfabulation im Zustand des Wachseins, wie FISS et al. 1966 überlegten; vielleicht werden die Berichte fälschlicherweise nur auf den vorangegangenen REMzustand bezogen (RECHTSCHAFFEN 1967). Vielleicht sind, wie MALCOLM 1959 behauptete, „Träume" überhaupt keine Erfahrungen, die im Schlaf gemacht werden, sondern vielmehr Geschichten, die man nach dem Erwachen erdichtet.

Trotz all dieser „vielleichts" wissen wir, daß wir träumen. Deshalb schlage ich vor, anzunehmen, daß es das Phänomen „Traum" gibt. Traumberichte sind sowohl nach dem Erwachen aus REM- wie NonREMperioden bekannt. Die Berichte nach dem Wecken aus den REMperioden sind jedoch deutlich zahlreicher und unterscheiden sich durch ihre Buntheit, Bizarrheit und Komplexität. Wenn wir von Träumen reden, haben wir also eine recht vielschichtige und komplexe Kreation vor uns, die stark emotional betont ist. So sollen REMträume im Vergleich zu NonREMträumen perzeptiv-halluzinatorischer, lebhafter, bizarrer, irrationaler, emotionaler, komplexer, ausführlicher und symbolischer sein, mit sexuell-aggressiven Inhalten und hedonistischer Färbung. MAQUET et al. (1996) ist es gelungen, mittels PET eine Hirnregion zu identifizieren, die im REM-Schlaf hoch aktiv ist, aktiver als im Wachzustand. Es ist die Amygdala, jener Teil, der im Limbischen System für Gefühle und Affekte, besonders Angst, zuständig sein soll. Affekte bestimmen eben auch, was behalten und was vergessen wird und steht damit mit Gedächtnisleistungen in Zusammenhang. Im allgemeinen entbehren REMträume nicht einer gewissen Ähnlichkeit mit drogeninduzierten Zuständen (CARTWRIGHT 1966). Wogegen NonREMträume gedankenähnlicher, rationaler und realistischer sein sollen.

WOLMAN (1979, S. 43) definierte das Träumen folgendermaßen:

> "A dream is a form of thought, usually occuring during sleep, having specifiable properties. The quality of these properties depends on the sleep state during which this thought process occurs." (Üs. d. Verf.: Ein Traum ist eine Art des Denkens, die ge-

wöhnlich während des Schlafens auftritt und bestimmte Charakteristika aufweist. Die Ausprägung oder Qualität dieser Charakteristika hängt maßgeblich von der Schlafphase ab, in der dieser Gedankenprozeß stattfindet.)

1.1 Definitionsversuche

(nach BOSINELLI und CICOGNA 1984, S. 7ff.)

Seit FREUD (1900/65), der den Traum „den Hüter des Schlafes" genannt hat, der den Schläfer vor störenden Einflüssen bewahrt, haben viele versucht, dieses Phänomen zu definieren.

1983 haben BOSINELLI und CICOGNA für das Symposion „Psychology of Dreaming" am 4. Internationalen Kongreß über Schlafforschung in Bologna 1983 10 Definitionen des Träumens aufgelistet:

1. A dream is a sleep experience characterized by perceptual vividness, inefficient reality testing and loss of voluntary control of thought.
   (Üs. d. Verf.: Ein Traum ist eine Erfahrung, die im Schlaf stattfindet, und für die Lebendigkeit, speziell jene, der optischen Wahrnehmung, mangelhafter Realitätssinn und der Verlust der willentlichen Kontrolle bzw. der Steuerung des Denkens typisch sind.)
2. A dream ... is a multimodal perceptual simulation (FOULKES 1982).
   (Üs. d. Verf.: Ein Traum ist eine „vielsinnige" Wahrnehmungssimulation.)
3. A dream is the output of a mental process that has been submitted to the psychophysiological restrictions of the sleep condition.
   (Üs. d. Verf.: Ein Traum ist das Ergebnis eines mentalen Prozesses, der den Vorgaben psychophysiologischer Grenzen, die durch den Schlafzustand bedingt sind, gehorcht.)
4. A dream is the experiential-cognitive result of complex psychophysiological interactions that take place during sleep and in which it is difficult to trace a privileged causal path.
   (Üs. d. Verf.: Ein Traum ist das erfahrend-kognitive Ergebnis einer komplexen psychophysiologischen Interaktion, die im Schlaf stattfindet und bei der sich nur mit Mühe eine kausale Linie finden läßt.)
5. A dream is a compromise-formation aimed to hallucinatory wish fulfillment and at protecting sleep. (Üs. d. Verf.: Ein Traum ist eine Formation von Kompromissen, um halluzinatorisch Wünsche zu erfüllen und gleichzeitig den Schlaf zu „behüten".)

6. A dream is a physiological hallucination. (Üs. d. Verf.: Ein Traum ist ein physiologisches Trugbild.)
7. A dream is characterized by its unreality, intensity and extent. (Üs. d. Verf.: Ein Traum ist durch seine Unwirklichkeit, Intensität und Weite charakterisiert.)
8. A dream is any kind of mental experience during sleep. (Üs. d. Verf.: Ein Traum ist jede Art geistiger Erfahrung bzw. Tätigkeit während des Schlafens.)
9. A dream is a complex visual imagery which has undergone some development. (Üs. d. Verf.: Ein Traum setzt sich aus komplexen visuellen Vorstellungen zusammen, die einigen Entwicklungsschritten unterzogen worden sind.)
10. A dream involves multisensory images or sensations and the dreamer himself, his affective state and, particularly, his mentation. (Üs. d. Verf.: Ein Traum verstrickt multisensorische Bilder oder Empfindungen sowie den Träumer selbst, dessen Affektivitätslage und besonders dessen individuelle Art, Mentales zu verarbeiten.)

All diese verschiedenen Definitionen machen sowohl die Herangehensweise als auch die Position des jeweiligen Verfassers deutlich. Außerdem fließt hier wohl eindeutig einer der umstrittensten und nicht zu klärenden Problematiken mit ein: das Leib-Seele-Problem. Der Standpunkt des Kritischen Realismus bzw. der Gestalttheorie (METZGER 1975) wurde in der oben genannten Liste noch nicht eingeführt; ihn beschreibt THOLEY (1980, S. 176) folgenderweise:

> „Der kritische Realismus gründet auf der strengen Unterscheidung zwischen der physikalischen Welt, die sich in den physikalischen Organismus und die physikalische Umgebung unterteilen läßt, und der phänomenalen Welt, die sich gewöhnlich in das phänomenale Körper-Ich und die phänomenale Umgebung gliedert. Das physiologische Korrelat der phänomenalen Welt stellen die kortikalen Prozesse im Psychophysischen Niveau (PPN) dar, einem hypothetisch angenommenen Endabschnitt des Zentralnervensystems. Im Wachzustand werden diese Prozesse durch die aus den verschiedenen Sinnesgebieten stammenden sensorischen Erregungsmuster derart bestimmt, daß die phänomenale Welt ein (mehr oder weniger getreues) Abbild der physikalischen Welt darstellt. Für den Wachzustand ist es außerdem kennzeichnend, daß in ihm Bewegungsabsichten – ihnen entsprechen nach gestalttheoretischer Auffassung Ungleichgewichts-

zustände im PPN – über die Bildung motorischer Erregungsmuster und dadurch ausgelöste Muskelinnervationen in korrespondierende Bewegungen des physikalischen Organismus umgesetzt werden können. Indem diese Bewegungen über sensorische Erregungsweiterleitungen wiederum zum PPN ‚rückgemeldet' werden, stehen die phänomenale und physikalische Welt im Wachzustand in einem sensumotorischen Regelkreiszusammenhang. Anders ist es im Traumzustand. Hier ist der sensumotorische Regelkreis aufgebrochen, so daß in diesem Zustand die phänomenale Welt kein Abbild der physikalischen Welt darstellt und Bewegungsabsichten auch nicht in korrespondierende Bewegungen des physikalischen Organismus umgesetzt werden. Die Tatsache, daß es im Schlaf zu Traumerlebnissen kommt, die den Wacherlebnissen sehr ähnlich sein können – dies gilt für Klarträume in ganz besonderem Maß – ist nach der Isomorphieannahme der Gestalttheorie, die eine Strukturgleichheit von phänomenalen und kortikalen Vorgängen postuliert, so zu erklären, daß die PPN-Prozesse im Traumzustand denen im Wachzustand ähnlich sind; dabei sind die Ursachen für das Vorhandensein der kortikalen Vorgänge im Traumzustand noch weitgehend unbekannt. Aus der kritisch-realistischen Sicht der Gestalttheorie lassen sich einige grundlegende Probleme auflösen, die das Phänomen des Träumens den Psychologen bereitet hatte; so vor allem das Problem der ‚Außenlage der Träume', das darin besteht, daß die im Traum angetroffenen Dinge außerhalb des eigenen Körpers erlebt werden, obwohl die physiologischen Grundlagen für diese Dinge im Großhirnbereich zu suchen sind. Unterscheidet man im Sinne des kritischen Realismus streng zwischen physikalischem Organismus und phänomenalem Körper-Ich, so löst sich dieses Problem auf, da die Tatsache, daß sich die physiologischen Grundlagen der gesamten Traumwelt in einem Teil des physikalischen Organismus (nämlich dem Großhirnbereich) befinden, mit der Tatsache verträglich ist, daß sich die im Traum angetroffenen Dinge außerhalb des im Traum erlebten Körper-Ichs befinden. Gemäß der Isomorphieannahme der Gestalttheorie ist letzteres einfach darauf zurückzuführen, daß sich die kortikalen Korrelate der angetroffenen Dinge außerhalb der kortikalen Korrelate des Körper-Ichs befinden."

Phänomenologisch gleichen sich demnach Traum- und Wachwirklichkeit, was u. a. bedeutet, daß alle Sinnesmodalitäten miteinbezogen sind;

sie unterscheiden sich aber darin, daß sich der Körper des Träumers in einem tiefen Entspannungszustand (Schlaf) befindet, was für den Träumer selber wiederum Teil der transphänomenalen Wirklichkeit ist. Die „Umschaltung“ erfolgt gemäß der Isomorphieannahme im PPN (Psychophysischen Niveau) (THOLEY 1980, S. 177).

Ein Vertreter der Isomorphieannahme ganz anderer Art ist Robert McCARLEY, ein Mitarbeiter Hobsons am Neurophysiologischen Institut an der Harvard Universität. Er meint, daß das Träumen nicht allein auf die Spontanaktivität des Pons zurückzuführen ist und schlägt eine Übersetzung sowie einen neuen, originellen und ungewöhnlichen Sprachgebrauch vor: Symbole seien die synchrone Ausprägung neuronaler Aktivität und Bilder oder Vorstellungen die „Dichte“ neuronaler Aktivität.

Anhand dieser wenigen Beispiele zeigt sich, wie sehr die Auffassung darüber, was ein Traum ist, vom Weltbild des Betrachters abhängt. Deshalb sehe ich mich an dieser Stelle nicht imstande, eine allgemeingültige Definition wiederzugeben. Meine ganz persönliche Sichtweise, wird sich, wie ich hoffe, im Verlauf der vorliegenden Arbeit zeigen.

1.1.1 Typische Eigenschaften des Traumes

Eine Möglichkeit, das Wesen des Traumes und des Träumens zu erfassen, ist, die physiologischen Aspekte zu beschreiben, die diesen Zustand so weit wie möglich erfassen. Allerdings ist die REM/NonREM-Traum-Debatte in den letzten Jahren wieder aufgeflammt. Es steht also wiederum in Frage, ob das Träumen ein Phänomen ist, das ausschließlich dem REMschlaf zuzuordnen ist, oder ob auch während anderer Schlafstadien geträumt wird (FOULKES, 1996).

Im folgenden beziehe ich mich auf die Beschreibung des REMschlafes, da nach meiner Einschätzung die visuellen, emotional intensiven Träume während des REMschlafs angesiedelt sind. Merkmale des REMschlafes sind also:

- Wir träumen mit der Regelmäßigkeit eines Uhrwerks jede Nacht, etwa alle 90 Minuten.
- Der für das Sehen zuständige Teil des Kortex ist während des Träumens fast ebenso aktiv wie während des Wachens.
- Träume werden hauptsächlich visuell erlebt, obwohl auch andere Sinnesmodalitäten einfließen können.
- Meistens werden Träume vergessen, weil die Substanzen, die für die

Speicherung von Gedächtnisinhalten zuständig sind, während des Träumens stillgelegt sein dürften.

- Der Stoff, aus dem die Träume sind, ist vermutlich der Neurotransmitter Azetylcholin (C7H17NO3).
- Während des REMschlafs ist die Amygdala im limbischen System hoch aktiv (MAQUET et al. 1996).
- Es scheint etwas desinhibiert, was sonst unterdrückt ist: der Traumvorgang, der Jazz des Organismus.
- Jedenfalls befinden wir uns, bis auf die Möglichkeit, die Augen zu bewegen, in völliger Atonie, was uns einerseits davor schützen mag, unsere Träume auszuleben, andererseits eine Art „Erholungsphase" für die Muskulatur darstellt. Wer kennt nicht die wohlige Entspanntheit beim Erwachen aus einem Traum?

1.1.1.1 Bizarrheit des Erlebens im Traum

Träume zeichnen sich oft dadurch aus, daß etwas an ihnen als *bizarr* erlebt wird, wie der plötzliche und unmittelbare Wechsel zeitlicher oder örtlicher Gegebenheiten, Ereignisse, die im Widerspruch zu den Naturgesetzen stehen, oder auch eigenartige Zusammensetzungen von Figuren oder Dingen, die noch nie dagewesene Konstellationen hervorbringen können. HOBSONS Auffassung (1988, S. 260) von Bizarrheit ergibt eine Unterteilung in vier Untergruppen:

1. *Formwechsel* (form changes): Zusammenfließen, Transformation oder Änderung
2. *Bezugsinkongruenzen* (relational incongruities)
3. *Funktional Abnormes* (functional abnormalities)
4. *Ungewißheiten* (uncertainties)

Ganz am Rande sei hier erwähnt, daß sich Klarträumer diese Feature z. T. zunutze machen (siehe Kap. 3).

1.1.1.2 Sinnlichkeit im Traum

Entgegen der Annahme, im Traum werde nur schwarz/weiß gesehen, ist heute bekannt, daß alle Sinnesmodalitäten im Traum wahrgenommen werden können, oftmals mit subjektiv größerer Intensität als im Wachleben. So kann genausogut „rot" gesehen, ein Choral gehört oder etwa der Küchenduft gerochen werden. Der Trauminhalt scheint in unterschiedliche Sinnesmodalitäten auflösbar. Diese Tatsache erinnert unverkennbar an das Vorkommen von Synästhesien.

McCARLEY & HOFFMANN haben 1981 mit Collegestudenten an der Harvard University eine Studie durchgeführt, in der untersucht wurde, wie häufig Sinnesmodalitäten im Traum auftreten (HOBSON, 1988). Dabei zeigte sich, daß, ähnlich dem Wachleben und typisch für das „Augentier" Mensch der visuelle Bereich deutlich vorherrscht. Zum Unterschied zum Wachleben allerdings ergab sich, daß die Sinnesmodalität des vestibulären Systems mit etwa 8 %iger Häufigkeit vertreten sein dürfte. Im Wachleben tritt dieses Wahrnehmungssystem im Alltag kaum auf – es sind hier Wahrnehmungen des sogenannten Gleichgewichtorgans gemeint. Eine hierarchische Darstellung der Sinnesmodalitäten im Traum zeigt Abbildung 1:

Die Daten wurden durch die Analyse von 104 REMschlafträumen von 14 Versuchspersonen gewonnen. Auffallend ist, daß weder körperlicher Schmerz noch sexuelles Erleben beschrieben werden, eine Tatsache, die vermutlich einem Versuchsleitereffekt oder Laboreffekt zuzuschreiben ist.

Visuelle Eindrücke sind in allen Traumberichten beschrieben worden (100 %). Akustische Eindrücke schienen in 64 % der 104 Traumberichte auf, motorisch-vestibuläre in 8 %, Temperaturempfindungen in 4 %, Tast-, Geruchs- und Geschmacksempfindungen jeweils in 1 %. Das Nichtvorhandensein von Schmerzempfindung physischer Natur im Traum könnte uns als Hinweis auf die hormonell-biochemische Grundlage des Träumens dienen oder allgemein Wegweiser bei der Erforschung des Wesens und der Funktion von Träumen und deren eventuellen Konsequenzen sein. Leicht nachvollziehbar ist, daß Schmerz nicht empfunden werden muß, da die sonst damit einhergehende Bedrohung des Organismus ausgeschaltet ist, da wir ja wohl behütet im Bett liegen.

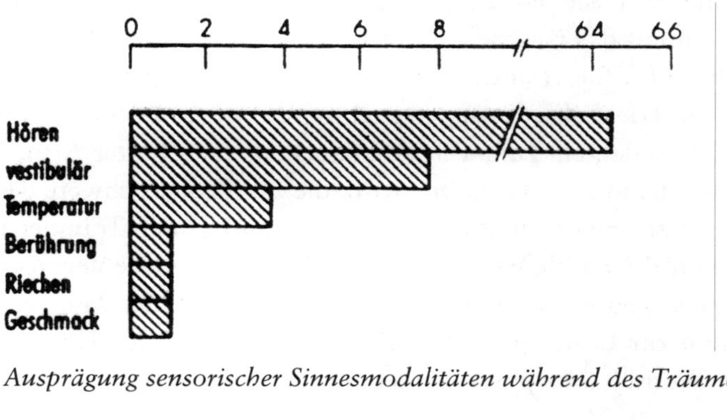

Abb. 1: *Ausprägung sensorischer Sinnesmodalitäten während des Träumens.*

1.1.1.3 Affekt und Antrieb im Traum

Betrachtet man Träume oder, genauer gesagt, die Geschichten, die der Erzähler dem Traumerleben zuordnet, fällt ein Aspekt immer wieder deutlich auf: die Erzählungen scheinen von Triebhaftem getränkt. Obwohl sich dieser Faktor in der oben zitierten Studie über die amerikanischen Collegestudenten als unwesentlich gezeigt hat, möchte ich ihn nicht unerwähnt lassen. Er wird in der Literatur immer wieder behandelt wird, stellt die Basis von Gedankengebäuden dar und wird auch von Träumern erzählt, allerdings unter der Voraussetzung, daß die Trauminhalte völlig anonym erhoben werden, oder eine Vertrauensbasis zum Fragenden besteht. Bei der Besprechung dieser Ergebnisse ist zu berücksichtigen, daß es sich beim Traum um ein ganz privates, persönliches Erleben handelt. Er offenbart unter Umständen sehr viel von seinem Wesen, auch wenn oder gerade weil gleichsam in Bildern gesprochen wird, da ein Traum sprachlich oft nicht vollständig beschrieben werden kann und sozusagen präverbal auftaucht, oder anders gesagt, primärprozeßhaft.

Mit den Phänomenen, die ich hier als triebhaftes Traumgeschehen bezeichne, meine ich z. B. eine hedonistische Enthemmtheit bei Nahrungs- oder Flüssigkeitsaufnahme, plötzliche und oft auch unvermutete Aggressions- oder Sexualentladungen oder die Unbedingtheit der Befriedigung einer Sucht – d. h. die Handlung, die einen Trieb befriedigen bzw. ein Bedürfnis stillen soll, setzt im Traum oft unmittelbar ein und erlaubt kein dazwischengeschaltetes Überlegen, Planen oder Abwägen. „ES" pur, um mit FREUD zu sprechen, ohne den moralischen Spruchbändern des „ÜBER-ICH" oder der liebevollen Einordnung oder Kontrolle des „ICH", welches vielleicht nur in abgeschwächter oder eben anderer Ausprägung, gleichsam automatisiert oder wiederum vorsprachlich einfließt. Denn eines läßt sich jedenfalls auch hier vermerken: Die Erwartungshaltung bestimmt das Geschehen, sei sie unbewußt, vorbewußt oder auch völlig bewußt. Sie resultiert mitunter darin, daß gleichsam in letzter Minute die Triebbefriedigung vereitelt wird – wie etwa ein sich-auflösender Apfelstrudel, ein zum Vergeltungsschlag ausgeholter Arm, der wie von Geisterhand zurückgehalten wird, die zähflüssige Schwere der Beine, die soeben zur Flucht angesetzt haben und anstatt den Träumer flink zu tragen, am Boden kleben oder gar zerfließen, oder die nebensächliche Ablenkung knapp vor der endgültigen Ankunft der lang ersehnten Explosion zur Lust: Spiegelbild der Persönlichkeit des Träumers, verkappter Wunsch oder physiologische Notwendigkeit?

Jedenfalls ist bekannt, daß Alkoholiker während eines Entzugs vom Trinken und Eßgestörte, die tagsüber Diäten einhalten, von Speisen träumen. Es gibt außerdem Studien (FISS 1980), die den Schluß nahe legen, daß Trinken im Traum ohne „schlechtem Gewissen" den Verlauf des Alkoholentzugs positiv beeinflußt.

Diese Überlegungen sollten präzisiert und weiter durchdacht werden. Vielleicht ließe sich dann der Ursprung, der Motor des Traumes lokalisieren. Die REMS jedenfalls werden durch Signale im Hirnstamm „geweckt", thalamisch umgeschaltet. Seit kurzem kennt man vermutlich sogar den physiologischen Grund: die affektbehaftete Amygdala feuert bilateral im REMschlaf in einem Ausmaß, das im NonREM nicht existiert und das das Wachen bei weitem übertrifft (MAQUET et al., 1996). Kortikale Areale sind aktiv, besonders das motorische und das visuelle, Wahrgenommenes wird verarbeitet und in Netzen zueinander in Verbindung gesetzt und dient somit dazu, etwa durch die Affekthaftigkeit der Amygdala und deren Zusammenspiel mit Hippocampus, Gedächtnis zu konsolidieren und dabei originell kombiniert zu werden. Was während des REMschlaftraumes neuroanatomisch jedenfalls ruht, sind vor allem große Gebiete des dorsolateralen präfrontalen Kortex, in dem man das Zustandekommen von willentlichen, gezielten Handlungen „ortet", dem parietalen Kortex (Supramarginaler Gyrus), dem posterioren Cingulatum und em Precuneus.

Nimmt man die so kreierten Bilder beim Wort, läßt sich im Kontext einer eben geträumten „Schweinerei" oft eine Pointe nur schwer übersehen, ein „Aha!" nur schwer verhalten, wie eben auch beim Witz. Übrigens hat FREUD 1900/1960, wie ich glaube als erster, die Nähe zwischen Traum und Witz erkannt und beschrieben. So habe ich selber während eines langweiligen Nachmittags mein „geheiligtes" Traumnächtebuch zum besten gegeben und unvermutet zwingendes Lachen ausgelöst. Mir, muß ich allerdings gestehen, war dieser Umstand nicht wenig peinlich.

1.2 Definition von Klartraum oder luzidem Traum

Es ist verständlich, daß die Idee des „bewußten Schlafes" manchen zunächst recht unwahrscheinlich scheint. So meinte beispielsweise MALCOLM 1959 (S. 48–50):

> "If 'I am dreaming' could express a judgement it would imply the judgement 'I am asleep', and therefore the absurdity of the latter proves the absurdity of the former." ... "... the supposed judgement that one is dreaming" is "unintelligible" and "an inherently absurd form of words." (Üs. d. Verf.: Wenn die Aussage ‚Ich träume' eine Beurteilung ausdrückt, würde das die Beurteilung ‚Ich schlafe' voraussetzen, deshalb beweist die Absurdität des zweiteren die Absurdität des ersteren. ... diese vermeintliche Beurteilung, daß man träumt, ist unverständlich und eine damit absurde Aneinanderreihung von Wörtern.)

Der Begriff „lucid dream" geht auf Frederik Willems van EEDEN zurück, einen niederländischen Psychiater und Dichter, der bereits gegen Ende des 19. Jahrhunderts eine „freie Psychiatrie" in den Niederlanden eingerichtet hat. Am 22. April 1913 sprach er in einem Vortrag im Rahmen eines Treffens der Society for Psychical Research über seine 352 aufgezeichneten „lucid dreams". Es ist bekannt, daß sich van Eeden in mehreren Briefen an FREUD wandte und diesem von seinen Beobachtungen berichtete (siehe dazu auch Kap. 2.2).

THOLEY nennt denselben Zustand, der von Van EEDEN als „lucid dream" bezeichnet wurde, Klartraum und definiert ihn folgendermaßen:

> „Klarträume sind solche Träume, in denen man völlige Klarheit darüber besitzt, daß man träumt und nach eigenem Entschluß handelnd in das Traumgeschehen eingreifen kann." (THOLEY 1980c, S. 175).

Klarträume unterscheiden sich also von üblichen Träumen dadurch, daß der Träumer Bewußtsein über seinen Zustand hat und um seine freie Entscheidungs- und Handlungsfähigkeit weiß. Dabei sind Verstandes- und Willensfunktionen sowie die Erinnerung an das Wachleben völlig intakt. Die Spannweite des möglichen Erlebens im Klartraum erstreckt sich von Wahrnehmungen, Empfindungen etc., die denen im Wacherleben ganz ähnlich sind, bis hin zu phantastischen und bizarren Inhalten, die für das Träumen typisch sind.

Im Gegensatz zu imaginativen Tagtraumtechniken, wie dem Katathymen Bilderleben (LEUNER, 1962), der Oberstufe des Autogenen Trainings nach oder der Hypnose, findet der Klartraum während des Schlafes und nicht im Wachzustand statt.

Für THOLEY (1985) müssen folgende Punkte erfüllt sein, damit man definitionsgemäß von einem Klartraum in Abgrenzung zu den anderen Träumen sprechen kann:

1. Klarheit über den *Bewußtseinszustand*: darüber, daß man träumt;
2. Klarheit über die eigene *Entscheidungsfreiheit*: darüber, ob man z. B. vor einer Alptraumfigur flüchtet oder sich mit ihr anzufreunden versucht;
3. Klarheit des *Bewußtseins*, im Gegensatz zum Trübungs-, Verwirrtheits- oder Dämmerzustand;
4. Klarheit über das *Wachleben*: darüber, wer man ist und was man sich für diesen Traum vorgenommen hat;
5. Klarheit der *Wahrnehmung*: dessen, was man sieht, hört, riecht, schmeckt und fühlt;
6. Klarheit über den *Sinn des Traumes*;
7. Klarheit der *Erinnerung* an den Traum. Dieser Punkt bezieht sich im Gegensatz zu den anderen nur indirekt auf den Traumzustand.

Für den Klartraumbegriff, wie er von Tholey eingeführt wurde, ist das Vorhandensein der Klarheit im Sinne von (1) bis (4) unerläßliche Bedingung; die Klarheit im Sinne von (5) und (7) ist dagegen nicht unbedingt Voraussetzung.

Andere Autoren, wie Stephen LaBERGE, verwenden zur Bezeichnung unseres Untersuchungsgegenstandes den Begriff „lucid dreaming" oder „lucid dream", was direkt mit „luzides Träumen" übersetzt wird. Wenn ich also im folgenden die Begriffe „Klarträumen" oder „luzides Träumen" verwende, meine ich damit dasselbe Phänomen, schlicht Träume, in denen man weiß, daß man träumt und daher frei entscheidend und handelnd ins Traumgeschehen eingreifen kann. Ein Zustand, der mitunter als besonders intensiv und lustvoll erlebt wird. Zum primärprozeßhaften Traumbild scheint sich als den Klartraum definierend die sekundärprozeßhafte Kognitionsmöglichkeit dazuzugesellen, wobei die Referenz zur außerkörperlichen Wirklichkeit nicht gegeben ist. KAHN et al. (1996) konnten zeigen, daß sich das Auftreten von Kognition und Metakognition während des Träumens und während des Wachens in folgenden Dimensionen kaum unterscheiden:

> "... did not differ for internal commentary, sudden attention, focused attention, public self-consciousness, emotion, self-reflection and thwarted intentions." (Us. d. Verf.: ... unterschieden sich nicht im Internkommentieren, in plötzlicher Aufmerksamkeit, gerichteter Aufmerksamkeit, dem Sich-der-Öffentlichkeit-bewußt-sein, Emotion, Selbstreflexion und den Intentionen.)

In der Literatur kommt ab und zu der Begriff „präluzides Träumen" vor. Darunter versteht man einen Traumzustand, in dem zwar die Reflexion über den Zustand stattfindet, aber die Konsequenz, entscheidend und handelnd ins Geschehen eingreifen zu können, nicht bewußt ist, und sich daher das Bewußtsein, das für den luziden Traum charakteristisch ist, nicht voll entfalten kann.

1.2.1 Sogenannte „Realitychecks“

THOLEY und LaBERGE haben Kriterien aufgestellt, mit denen sich bestimmen läßt, ob man träumt oder wacht. Dabei wird nicht zuletzt für den Klartraumzustand Typisches herausgestrichen:

1. **Blickfixation**
   a) *Starrt* man im Traum auf einen Punkt, verschwimmt die Traumszene und verwandelt sich in eine andere oder führt zum Erwachen. Aus diesem Grund eignet sich diese Methode auch besonders gut zum Erwachen aus unliebsamen Traumsituationen.
   b) *Wiederholtes Lesen von Buchstaben:* Liest man im Traum einen Text, der nur aus einem Wort bestehen kann, wendet sich kurz ab und liest das vormals Gelesene noch einmal, nun wird man etwas anderes lesen; die Schrift ist entweder verschwommen oder hat eine andere Bedeutung.
2. **Rotation**
   Dreht man sich im Traum um die eigene Achse und bleibt anschließend stehen, hat man den Eindruck, man drehe sich selbst oder die Traumumgebung drehe sich im entgegengesetzten Sinn weiter.
3. **Gravitation**
   Springt man im Traum hoch, landet man zumeist nicht gleich wieder am Boden, sondern landet sachter oder beginnt zu schweben, zu gleiten oder sogar zu fliegen.

All diese Überprüfungsmöglichkeiten könnten mit dem Nystagmus bzw. dem Vestibulärsystem in Zusammenhang zu stehen. Dies deutet darauf hin, daß diese beiden Systeme während des Träumens anderen Gesetzmäßigkeiten gehorchen als während des Wacherlebens. Ich bin sicher, daß Untersuchungen darüber ein neues Licht auf den Traum und dessen Funktion werfen werden. LESLIE und OGILVIE (1996) haben bereits in einer Studie, in der er die Probanden in einer Hängematte schlafend, nach Beginn der REMperiode sachte wiegt, feststellen können, daß die danach berichteten Träume voll Fliegen, Fallen und einem Sich-Orientieren waren. Überdurchschnittlich häufig waren sie auch luzide.

2. Schlaf, Traum und luzider Traum: Geschichte und Geschichtchen

Schlaf und Traum, wie sie zustandekommen und was diese beiden für uns bedeuten mögen, bewegten, interessierten und faszinierten in allen Kulturen und zu allen Zeiten. Sichtweise, Wertung, Interpretation und Umgang mit diesen beiden Phänomenen fanden jedoch, dem jeweiligen „Zeitgeist" entsprechend, die unterschiedlichsten Ausprägungen. So soll etwa ein Cherokee Indianer tagsüber „medizinisch" behandelt werden, wenn er des nächstens im Traum von einer Schlange gebissen worden ist. So wird in den indischen Veden, die 1000 v. Chr. entstanden sind, in gute und schlechte Träume unterschieden, während in den Upanishaden vier Seinszustände besprochen werden: der uns allen wohlbekannte **Wachzustand**, der Zustand des **Träumens**, der Zustand des **Tiefschlafes** und der Zustand im **„Selbst"**.

Mit dem Zustand des Tiefschlafes ist jener Zustand gemeint, in dem das Begehren versiegt und in dem man nichts träumt. Er wird mit dem des „wahren Selbst" gleichgesetzt.

> "Now when one is thus sound asleep, composed, serene, and knows no dream, that is the Self (Atman), that is the immortal, the fearless, that is Brahma." (BORBÉLY 1986, S. 8). (Üs. d. Verf.: Wenn man also tief schläft, gefaßt und still, traumlos, das ist das Selbst (Atman), das ist das Unsterbliche, das Furchtlose, das ist Brahma.)

Von CHUANG TZU (300 v. Chr.), einem Philosophen Chinas, ist überliefert:

> "Everything is one; during sleep the soul, undistracted, is absorbed into this unity; when awake, distracted, it sees the different beings." (in BORBÉLY 1986, S. 8). (Üs. d. Verf.: Alles ist eins; während des Schlafes die Seele, nicht abgelenkt, ist sie aufgenommen in die Einheit; wenn wach und abgelenkt, erkennt sie die unterschiedlichen Wesen.)

2.1 Der Traum und seine Deutung

Eine der ersten uns überlieferten Sammlungen, die sich mit Träumen und deren Deutung beschäftigen, stammt etwa aus dem 12. vorchristlichen Jahrhundert. Es handelt sich um das ägyptische Traumbuch. Hier findet sich neben volkstümlicher Traumdeutung auch die Unterscheidung von Träumen guter und schlechter Menschen. Im British Museum liegt eine Papyrusrolle auf, die zwischen 2000 und 1790 v. Chr. beschrieben worden sein soll und das Thema „Traum“ behandelt. Die Ägypter haben zu Ehren des Gottes Sarapis, dem Gott der Träume, Tempel errichtet.

Ähnliche Dokumente, etwa das demotische Traumbuch oder die assyrisch-babylonischen Traumbuchtexte wurden zwischen dem 9. und 7. vor-christilichen Jahrhundert verfaßt. Die Ursprünge dieser frühen Dokumente sollen allerdings noch weiter zurückreichen, nämlich bis 5000 v. Chr. (DEMENT 1972).

Mesopotamisch-sumerische Konzepte unterscheiden sich von griechischen wesentlich: Die Griechen meinten, aufgrund von Träumen Weissagungen machen zu können, während Träume bei Mesopotamiern und Sumerern rituelle bzw. magische Bedeutung hatten.

Vom hebräisch-jüdischen Traumglauben erfahren wir im Alten Testament.

Direkte Offenbarungen, Symbolträume und Weisungen sollen von Gott-Jahwe gesandt sein, wenngleich sich u. a. auch Beschreibungen ganz einfach „trügerischer Traumgesichter“ finden.

Eine zwiespältige Auffassung in bezug auf den Wert von Träumen spiegelt aber auch die Odyssee XIX, 560ff. wider: die wahrheitsverkündenden Träume kommen aus einem elfenbeinernem Tor hervor, während sich die irreführenden aus einem hörnernem Tor ergießen.

Allerdings lag in Griechenland die allseits bekannte Nutzung von Träumen in der Heilung von Krankheiten: In Epidaurus wurde ursprünglich der Gott von Malea, der Gott der wiedererstehenden Natur verehrt. Später sahen die Griechen in ihm den Apollon. Asklepios, der göttliche Arzt, galt als Apollons Sohn. Asklepios hatte beim Kentauren Chiron die Heilkräfte der Natur kennengelernt. Als Heilgott bei der fließenden Quelle erscheint Asklepios in Schlangengestalt. Seine Tochter Hygieia begleitet ihn. Bisweilen ist bei ihm auch eine zwergenhafte Gestalt im Kapuzenmantel „Telephoros“, der Vollbringer und „Akesis“, die Heilung. Der Äskulapkult verlangte, daß Kranke zuerst Geschenke und Opfergaben darbringen und vorgeschriebene Rituale, wie Waschungen, Bäder mit verschiedenen Heilkräutern über sich ergehen lassen, bevor sie im Tempel (heil-)schlafen durften. In Schlaf und Traum vollzog sich die Heilung (incubare = im Allerheiligsten schlafen).

Das älteste uns überlieferte griechische Traumbuch stammt von ANTIPHON, der zur Zeit Sokrates' lebte. Erste Ansätze einer psychologischen Deutung, in der nicht mehr nur die Götter als Verursacher der Träume angesehen werden, finden sich bei PLATON: die Seele selbst wird als Vermittler und Erreger der Träume gedacht. PLATON war der Anschauung, daß der Schlaf die Seele von körperlichen Fesseln befreit und so die Verbindung zu „Höherem" möglich wird.

Die Ansicht ARISTOTELES' kam dem „modernen" Denken schon recht nahe: Er glaubte, daß die Träume durch die körperliche Verfassung des Träumenden entstehen bzw. von nachwirkenden Sinneseindrücken verursacht werden. So bezweifelte er also bereits den göttlichen Ursprung der Träume, hielt Träume aber nichtsdestoweniger für beachtenswert und gab in den Parva Naturalia (1933, S. 464ff.) sogar Anweisungen zu deren Interpretation:

> "The most skillful interpreter of dreams is he who has the faculty of observing resemblances. Anyone may interpret dreams which are vivid and plain. But ... dreams are analogous to forms reflected in water ... if the motion in the water is great, the reflection has no resemblance to the original. Skilful (is he) who could rapidly discern ... the scattered and distorted fragments ... for internal movement effaces the clearness of dreams." (Üs. d. Verf.: Der geschickteste Traumdeuter ist jener, der die Gabe hat, Ähnlichkeiten zu wittern. Jeder kann Träume interpretieren, die lebhaft und klar sind. Aber ... Träume sind wie Reflektionen im Wasser ... sind die Wasser stark bewegt, ähnelt die Reflektion dem Original kaum noch. Geschickt ist jener, der die verzerrten und verstreuten Fragmente unterscheiden und herausfiltern kann, denn innere Bewegung verstellt die Klarheit des Traumes.)

HIPPOKRATES erklärte sich die Träume aus der seelischen Beschaffenheit des Menschen zur Zeit des Traumes und aus seinem körperlichen Habitus während des Schlafens. Dabei soll der Träumer aber auch das kosmische Geschehen in sich aufgenommen haben. Peripatetiker, Stoiker, aber auch die spätantik-frühchristliche Philosophen bezogen Anregungen aus dem platonisch-aristotelischen Gedankengut, ergänzt durch Gedanken aus dem orientalisch-islami-schen.

Die Deutung der Traumelemente soll in den orientalischen Traumbüchern oft nach dem Gleichklang oder der Ähnlichkeit der Worte vorgenommen worden sein. Ein sehr schöne Geschichte über eine Traumdeutung aus dem Altertum beruht auf einer Wortspielerei, wie FREUD (1900/1960, S. 92) anmerkte:

> „ARTEMIDOROS erzählt (S. 255): ‚Es scheint mir aber auch ARISTANDROS dem ALEXANDROS von Makedonien eine gar glückliche Auslegung gegeben zu haben, als dieser TYROS eingeschlossen hielt und belagerte und wegen des großen Zeitverlustes, unwillig und betrübt, das Gefühl hatte, er sehe einen SATYROS auf seinem Schilde tanzen; zufällig befand sich ARISTANDROS in der Nähe von Tyros und im Geleite des Königs, der die Syrier bekriegte. Indem er nun das Wort Satyros in σα und Τυροζ zerlegte, bewirkte er, daß der König die Belagerung nachdrücklicher in Angriff nahm, so daß er Herr der Stadt wurde.‘ (Σα – Τυροζ = Dein ist Tyros.)“

ARTEMIDOROS aus DALDIS galt im späteren Altertum als die größte Autorität auf dem Gebiet der Traumdeutung. Man nimmt an, daß er im zweiten Jahrhundert n. Chr. geboren worden ist. Dieser Autor hat uns die sorgfältigste Bearbeitung der Traumdeutung der griechisch-römischen Welt überliefert. Auf diesen Autor bezog sich auch der Urheber der Psychoanalyse, der bei Artemidoros Ansätze vorzufinden meinte, Assoziationsketten als Mittel zur Trauminterpretation einzusetzen sich aber gleichzeitig von der Methode Artemidoros abgrenzte:

> „Das Prinzip seiner Deutungskunst ist nach der Darstellung von GOMPERZ identisch mit der Magie, dem Prinzip der Assoziation. Ein Traumding bedeutet das, woran es erinnert. Wohlverstanden, woran es den Traumdeuter erinnert! ... Die Technik, die ich im folgenden auseinandersetze, weicht von der Antike in dem einen wesentlichen Punkt ab, daß sie dem Träumer selbst die Deutungsarbeit auferlegt. Sie will nicht berücksichtigen, was dem Traumdeuter, sondern was dem Träumer zu dem betreffenden Element des Traumes einfällt.“ (FREUD 1900/1960, S. 91).

Eine der vollständigsten erhaltenen Übersicht der antiken Traumdeutung findet sich in den „Oneirocriticae“ von F. SERIM ACHMETIS aus dem Jahr 1603 n. Chr. Auch das Alte und das Neue Testament enthalten Träume. Vier Kapitel des Talmud weisen Beschreibungen von bedeutenden Träumen auf. Träume im Juden- und im Christentum wurden grundsätzlich in drei Kategorien eingeteilt: Träume, die Gottheit enthüllen; Träume, die den spirituellen und körperlichen Gesundheitszustand des Träumers reflektieren; und Träume, die Zukunft verheißen, sogenannte Weissagungsträume. So heißt es etwa im 33. Kapitel des Buches Hiob vom 11. Vers an (GOTTSCHALK 1963, S. 190):

> „Denn in einer Weise redet Gott und wieder in einer andern, nur achtet man's nicht. Im Traum, im Nachtgesicht, wenn der Schlaf auf die Leute fällt, wenn sie schlafen auf dem Bette, da öffnet er das Ohr der Leute und schreckt sie und züchtigt sie, daß er den Menschen von seinem Vornehmen wende und behüte ihn vor Hoffart und verschone seine Seele vor dem Verderben und sein Leben, daß es nicht ins Schwert falle."

Man denke nur an die Träume um JOSEPH und seine Brüder, derselbe Joseph, der des Pharaos Traum von den sieben Kühen und den sieben Ähren deutete. Weiters ist der Prophet DANIEL als Traumdeuter bekannt, er diente Nebukadnezar.

Die jüdischen Traumdeuter galten nicht mehr als Propheten, sprachen Träumen aber immer noch große Bedeutung zu. RABBI CHISDA lehrte, daß ein ungedeuteter Traum einem ungelesenen Brief gleicht. So wurde der Traum zwischen dem 3. und 5. Jahrhundert zum Anlaß eines besonderen Schrifttums. In der Traum-Amelioration, einer persönlichen und gemeinschaftlichen Gebetsmeditation, wurde sogar ein Art Therapie des Unbewußten betrieben. Man versuchte mit Hilfe des Traumes, aufgestauten Affekten und fixierten Bildern auf die Spur zu kommen und aufzulösen.

AUGUSTINUS hinterließ uns in seinen „Confessiones" eine für damalige Zeiten recht rationale Betrachtungsweise. Eine für das Mittelalter, in dem allgemein angenommen wurde, daß gute Offenbarungen im Traum von Gott stammen, während schlechte vom Teufel geschickt würden, sehr aufgeklärte Haltung nahm auch ALBERTUS MAGNUS ein, der die Bedeutung des Traumes für das menschliche Leben erkannt und verstanden hatte, daß auf diesem Gebiet noch viel zu erforschen sei.

Den Übergang von Scholastik zur Aufklärung bildete die Philosophie von RENÉ DESCARTES. Seine umwälzenden Gedanken klärten sich durch die Inspiration dreier Träume, die er unter dem Titel „Olympica" veröffentlichen sollte. Gedanken über den Traum haben sich auch NEWTON und KANT gemacht, jedoch haben diese beiden diesbezüglich keinerlei Wissenschaftsanspruch erhoben.

Neben all den Überlegungen dieser „großen Köpfe" zirkulierten um 950 auch Traumbücher verschiedener Patriarchen als „Vademecum". ACHMET, Leibarzt und Traumdeuter in Byzanz, schuf um 820 eine sachliche Einteilung der Träume, wobei er als Christ aus indischen, persischen und ägyptischen Quellen geschöpft hatte. Weitere „Somniale Danielis" kursierten in lateinisch-mittelalterlichen Fassungen. Sie entstanden zwischen 500 und 800. Die Bezeichnung der daraus entstandenen Traumbücher lautet „Somnialia". Beide Formen fanden weite Verbreitung im Mittelalter. Bekannt ist eine „kymrische" (walisische) Version aus dem 14. Jh. bekannt, eine „irische" aus etwa derselben Zeit und eine „isländische", die um 1500 abgefaßt worden sein soll. Mit dem neu einsetzenden Buchdruck fanden diese volkstümlichen Bücher natürlich weite Verbreitung.

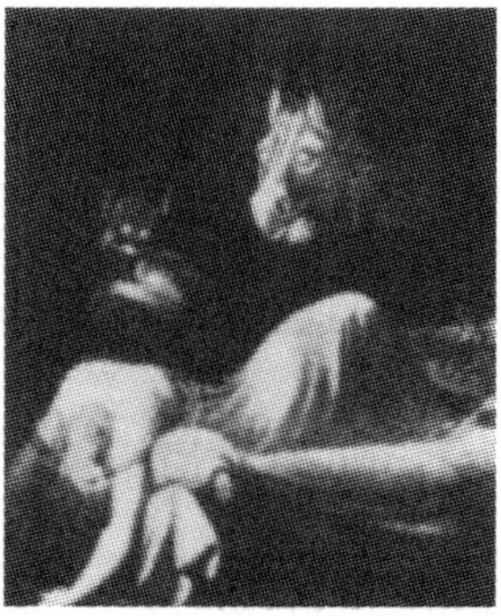

Abb. 2: *Johann Heinrich Füßli, 1741–1825, „Der Nachtmahr".*

Auch in der Aufklärung und der Romantik gab es Überlegungen zum Thema Traum, entscheidend Neues findet sich aber erst bei FREUD wieder. FREUD hat sich, wie er selber sagte, von Autoren des 19. Jh., wie BURDACH, FICHTE, MAURY, VOLKELT und HILDEBRANDT inspirieren lassen. Zu dieser Zeit wurden Träume üblicherweise als „Tagesreste" bzw. als Überbleibsel früherer oder laufender Sinneseindrücke angesehen. Man beschäftigte sich eher mit Theorien zur Entstehung und Funktion von Träumen als mit deren Interpretation. Dennoch behauptete z. B. FICHTE (1864, Nachdruck 1970, 1, S. 511).

> „... Der Traum steigert sich zu einer selbständigen Macht und neuen *Objectivität*, die aber nicht dem Träumenden gegenübersteht, sondern in seinem Inneren ihren Sitz hat. Im Traume ist daher nicht mehr der Gegensatz zwischen ‚Außen-' und ‚Innenwelt', sondern der zwischen Gebundenheit und Freiheit des Vorstellens der vorherrschende (was bei den Träumen, welche man ‚unreife' nennen könn-

te, auch für das Bewußtsein des Träumenden hervortritt. Wir träumen zwar, aber die Reflexion, ‚daß es nur ein Traum sei', mischt sich ein, und der manchmal gelingende Versuch, ihm eine andere Wendung zu geben). ... "[1].

Über die grundlegende Unfaßbarkeit dieses Phänomens über Zeiten hinweg erfahren wir in der „Traumdeutung" (FREUD 1900/1960, S. 1):

> „Auf den folgenden Blättern werde ich den Nachweis erbringen, daß es eine psychologische Technik gibt, welche gestattet Träume zu deuten, und daß bei Anwendung dieses Verfahrens jeder Traum sich als ein sinnvolles psychisches Gebilde herausstellt, welches an angebbarer Stelle in das seelische Treiben des Wachens einzureihen ist. Ich werde ferner versuchen, die Vorgänge klar zu legen, von denen die Fremdartigkeit und Unkenntlichkeit des Traumes herrührt, und aus ihnen einen Rückschluß auf die Natur der psychischen Kräfte ziehen, aus deren Zusammen- und Gegeneinanderwirken der Traum hervorgeht. So weit gelangt, wird meine Darstellung abbrechen, denn sie wird den Punkt erreicht haben, wo das Problem des Träumens in umfaßendere Probleme einmündet, deren Lösung an anderem Material in Angriff genommen werden muß.
> Eine Übersicht über die Leistung früherer Autoren sowie über den gegenwärtigen Stand der Traumprobleme in der Wissenschaft stelle ich voran, weil ich im Verlaufe der Abhandlung nicht häufig Anlaß haben werde, darauf zurückzukommen. Das wissenschaftliche Verständnis des Traumes ist nämlich trotz mehrtausendjähriger Bemühung sehr wenig weit gediehen. Dies wird von den Autoren so allgemein zugegeben, daß es überflüßig scheint, einzelne Stimmen anzuführen. In den Schriften, deren Verzeichnis ich zum Schlusse meiner Arbeit anfüge, finden sich viele anregende Bemerkungen und reichlich interessantes Material zu unserem Thema, aber nichts oder wenig, was das Wesen der Traumes träfe oder eines seiner Räthsel endgültig löste. Noch weniger ist natürlich in das Wissen der gebildeten Laien übergegangen."

FREUDS Auffassung und Einstellung Träumen gegenüber ist weitläufig bekannt. Für ihn waren Träume, neben der Technik der Hypnose und

[1] Hier handelt es sich um die Beschreibung eines Zustandes, der dem des luziden Traumes sehr nahe sein dürfte.

der freien Assoziation, die „via regia" zum Unbewußten. Er unterschied zwischen latentem und manifestem Trauminhalt. Manifestes meint tatsächlich Geträumtes bzw. Erinnertes, Latentes meint die dahinter stehende Bedeutung. Außerdem sei der wunscherfüllende Aspekt der Träume herauszustreichen, der durch die Existenz von Angstträumen nicht in Frage gestellt würde. Er meinte, daß bei der Interpretation die Assoziationen des Träumers miteinzubeziehen und vor allem der Prozeß der Traumarbeit zu berücksichtigen seien. Der Ursprung der Träume sei im Trieb („Libido") zu suchen, wobei aber diese Theorie nicht simplizistisch aufgefaßt werden soll und sich darin diejenigen erfangen hätten, die sich „... ihre Suppe auf seinem Herd gekocht haben". (nach FREUD 1900/1965, S. 7f.).

Es würde hier zu weit führen, C. G. JUNGS Überlegungen zum Traum zu beschreiben. Kurz skizzieren möchte ich jedoch seinen tiefenpsychologischen Beitrag über das Träumen. Jung hatte erkannt, daß man den Traum nicht nur als unbewußtes Ausdrucksmittel eines einzigen Triebes sehen muß. Aber auch er nutzte die Triebe, um den Zugang zum Unbewußten freizulegen. Für ihn war ist der Traum ein Naturereignis.

Bei der Trauminterpretation schöpfte er aus kultischen und mythologischen Quellen. Ein wichtiger neuer Gedanke Jungs war jener, den Traum als wesentlichen Anstoß und somit als Hilfsmittel zur Selbstheilung zu verwenden.

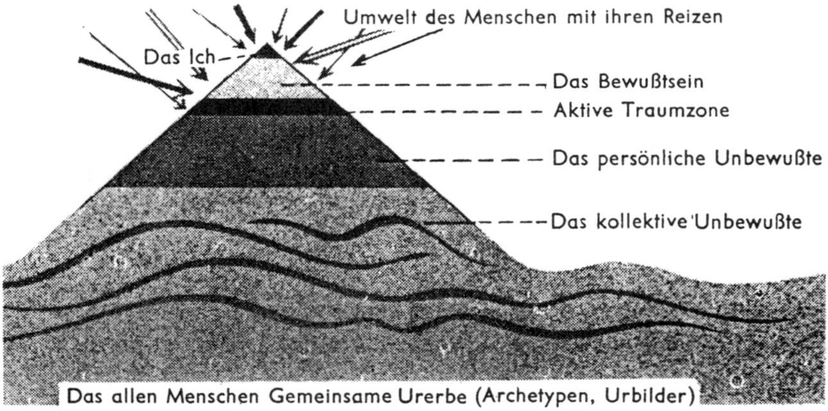

Abb. 3: *Schematische Darstellung des Aufbaus der Person nach C. G. Jung.*

Eine vergleichende Zusammenschau der grundlegenden Traumtheorien des 20. Jahrhunderts findet sich wir in R. M. JONES „The New Psychology of Dreaming“ (1970), in dem ein Überblick über die Gedanken von Jung, Adler, Silberer, Lowy, Hall, French, Ullman, Erickson, Boss, Maeder, Stekel, Horney, Sullivan, Fromm, Binswanger und Bonime zum Thema „Traum“ geboten wird.

Der Traum vermag also zu den unterschiedlichsten Gedankengängen anzuregen. Dies ist nicht verwunderlich, da er an sich schon Rätsel aufgibt und mitunter mit Kreativität und Phantasie gleichgesetzt wird. Deshalb haben sich auch Kunstschaffende zu allen Zeiten vom Traum inspirieren lassen. Häufig widmeten sie sich Themen, die mit den Sinnen nicht erfaßbar waren, religiösen, mystischen, spirituellen oder dem des Unbewußten, wie etwa die Symbolisten.

Wohl die radikalsten waren die Surrealisten. So konstatierte etwa Guillaume Apollinaire (1880–1918) in BRETON (1986), daß das Träumen kein Luxus des Geistes sei, sondern eine seiner ergiebigsten Tätigkeiten. Der bekannteste Vertreter ist Salvador Dali, der sich besonders vom Traum und im Traum inspirieren ließ. Seine berühmtesten Werke, wie „Die Beständigkeit der Erinnerung“, auch „Die weichen Uhren“ oder „Die zerrinnende Zeit“ genannt entstanden quasi unbewußt. Folgende Darstellung widmet sich dem Thema selbst:

Abb. 4: *Der Traum (Salvador Dali, 1931) (in DESCHARNES, 1992).*

Als Traumprophetie läßt sich die Begebenheit bezeichnen, daß der Bischof von Großwardein, Dr. Joseph Lanyi, den Anschlag auf Erzherzog Franz Ferdinand in Sarajewo nahezu im Detail in Form eines Traumes visioniert haben soll.

Mit einer ganz anderen, rational wohl leichter faßbaren Ausprägung des Träumens beschäftigen sich seit etwa 1950 einige Autoren und verweisen damit die Traumforschung in ihre Grenzen, die sie in ganz anderer Richtung gleichzeitig überschreitbar machen. Sie befassen sich mit dem luziden Träumen oder Klarträumen.

2.2 Geschichte(n) zum luziden Traum (nach Stephen LaBERGE)

ARISTOTELES hat in seiner Abhandlung „On Dreams" als erster Philosoph der westlichen Welt beschrieben, daß uns unser Bewußtsein während des Schlafes oft klar macht, daß das, was soeben durchlebt wird, ein Traum ist. Sein Lehrer PLATON war noch davon überzeugt gewesen, daß sich auch unsere Denkfähigkeit während des Schlafes zur Ruhe begäbe. ARISTOTELES in seinen Überlegungen noch weiter:

> "... if the sleeper perceives that he is asleep, and is conscious of the sleeping state during which the perception comes before his mind, it presents itself still, but something within him speaks to this effect: 'The image of Koriskos presents itself, but the real Koriskos is not present'." ... "For often, when one is asleep, there is something in consciousness which declares that what then presents itself is but a dream." (ARISTOTELES 1952, S. 702ff.).
> (Üs. d. Verf.: ... wenn der Schläfer wahrnimmt, daß er träumt und sich des Schlafzustandes bewußt ist, sagt ihm, währenddessen sich diese Wahrnehmung vor seinem Geist schiebt und die Bewußtheit dennoch aufrecht bleibt, etwas in ihm: ‚Das Bild von Korisko präsentiert sich selbst, aber dennoch ist Korisko nicht wirklich anwesend.' ... Denn oft, während man schläft, existiert etwas im Bewußtsein, das uns sagt, daß das alles nur ein Traum ist.)

Diese Fähigkeit, die Aristoteles beschrieben hat, besitzen Menschen vermutlich seit sie schlafen und träumen.

AUGUSTINUS (415 n. Chr.) berichtete von einem Traum des Grennadius, eines karthagischen Arztes, den eine Traumstimme auf seinen Zustand aufmerksam gemacht haben soll, wonach Grennadius bewußt wurde, daß er träumte (KELSEY 1974, S. 264ff.).

Auch die tibetischen Buddhisten praktizieren luzides Träumen als eine Form von Yoga seit dem 8. Jahrhundert. Ihr Ziel ist es, das Bewußtsein während aller Schlafstadien (EVANS-WENTZ 1935) beizubehalten. Die Tibeter erklären sich das Phänomen Traum als eine Schöpfung des menschlichen Geistes, wie alles Wahrgenommene. Traum Yoga, wie die Tibeter luzides Träumen nennen, bedeutet in ihrer Glaubenswelt eine Möglichkeit, ihr Karma zu überwinden.

Wissen um dieses Phänomen dürfte es auch im indischen Kulturkreis gegeben haben.

Im 12. Jahrhundert soll ein spanischer Sufi, Ibn El-Arabi, notiert haben:

> "... a person must control his thoughts in a dream. The training of this alertness ... will produce great benefits for the individual. Everyone should apply himself to the attainment of this ability of such great value." (SHAH, 1964, S. 141).
> (Üs. d. Verf.: Man muß die Gedanken während des Träumens kontrollieren. Diese Gewahrsamkeit zu schärfen, wird jedem zugute kommen. Jeder sollte sich dem Training dieser so wertvollen Fähigkeit widmen.)

Ein Jahrhundert später erwähnte Thomas von AQUIN (1947, S. 430), daß Klarträume eher gegen Ende des Schlafes auftreten und daß besonders jene Personen von derartigen Erfahrungen berichten, die eine starke Imaginationsgabe besitzen. Außerdem meinte er weiters: "... not only does the imagination retain its freedom, but also the common sense is partly freed; so that sometimes while asleep a man may judge that what he sees is a dream, discerning as it were, between things and their images".

(Üs. d. Verf.: ... nicht nur die Vorstellungskraft kann ihre Freiheit beibehalten, sondern auch der gewöhnliche Verstand ist zum Teil befreit, sodaß man bisweilen während des Schlafens beurteilen kann, daß das, was man sieht, ein Traum ist, und die Fähigkeit hat zu unterscheiden, was wirklich und was davon das Image ist.)

Luzides Träumen muß also bereits im Mittelalter bekannt gewesen sein. Es herrschte allerdings, wie in Kap. 2.1 erwähnt, eine recht enge Einstellung Träumen gegenüber und man hielt sie im allgemeinen für eine Art Phantasiespiel der Dämonen.

Im Gegensatz zu ARISTOTELES, der der Ansicht war, daß der Träumer über externe Sensoren informiert wird, daß er schläft, und so schlußfolgern kann, daß er träumt, erkannte Petrus GASSENDI (1658/1964), ein Zeitgenosse Descartes, bereits, daß das Begreifen "can realize that it is dreaming, or understand that it is imagining, is nothing more than the fact that it can think that it is thinking, which is the privilege of the internal faculty and is not granted to the external senses." (BRUSH 1972, S. 195)

(Üs. d. Verf.: erkennen kann, daß es träumt, oder versteht, daß es imaginiert, ist nichts weniger als die Tatsache, daß es denken kann, daß es denkt, was das Privileg innerer Vorgänge ist und nicht durch äußere Sinne gewährleistet wird.)

GASSENDI verstand das Begreifen mehr als eine Fähigkeit des Gehirns, als etwas quasi Von-Außen-Gesteuertes. Er nahm an, daß das Gehirn die Fähigkeit der Reflexion oder des Bewußtseins in sich selbst trägt.

Zu Beginn des Zeitalters der Vernunft wurden die Träume eher als Produkt des Gehirns, denn als Seelenreisen oder Mitteilungen von Gott gesehen. Robert BURTON sagte: "The Gods send not our dreams, we make our own." (MacKENZIE 1965, S. 81).

(Üs. d. Verf.: Es sind nicht die Götter, die uns die Träume senden, wir machen sie uns selbst.")

Es ist ein Brief aus dem Jahr 1779 erhalten, in dem Thomas REID beschrieb, daß er in seiner Jugend von Alpträumen geplagt worden ist und deshalb eines Tages versucht hatte, sich im Traum daran zu erinnern, daß er träumte, um so die Angst im Traum zu verlieren.

Der erste uns bekannte Autor, der sich systematisch mit Träumen und der Kontrolle systematisch beschäftigt hat, war Marquis d'HERVEY de SAINT-DENYS, ein Professor für chinesische Sprache und Literatur, der im 19. Jh. lebte. D'HERVEY beschrieb in „Les Rèves et les Moyens de les Dirigier" mehr als zwanzig Jahre Traumforschung. Dieses Buch wurde 1867 anonym publiziert und von Sigmund FREUD vergeblich gesucht (FREUD 1900/1960, S. 93).

D'HERVEY bemerkte eine stufenweise Entwicklung bei der Traumkontrolle:

– Verbesserung der Erinnerung an die Träume – sich des Träumens im Traum gewahr werden – willentliches Erwachen – Beeinflussung des Traumgeschehens.

Auch Ernst MACH scheint mit dem Phänomen des luziden Träumens vertraut gewesen zu sein, denn er schrieb in „Die Analyse der Empfindungen" (1922, S. 206):

„... Als ich viel mit Raumfragen beschäftigt war, träumte mir von einem Spaziergang im Walde. Plötzlich bemerkte ich die mangelhafte perspektivische Verschiebung der Bäume und erkannte daran den Traum. Sofort traten aber auch die vermißten Verschiebungen ein. – Im Traum sah ich in meinem Laboratorium ein mit Wasser gefülltes Becherglas, in dem ruhig ein Kerzenlicht brannte. ‚Woher bezieht das den Sauerstoff?‘ dachte ich. ‚Der ist im Wasser absorbiert.‘ ‚Wo kommen die Verbrennungsgase hin?‘ Nun stiegen Blasen von der Flamme im Wasser auf, und ich war beruhigt."

Ähnliche Erwähnungen sind uns auch von Charles DICKENS, Friedrich NIETZSCHE und Frederik Willems van EEDEN, einem holländischen Psychiater, der den Begriff „luzides Träumen" geprägt hat, bekannt. Von diesem existieren Briefe an Sigmund FREUD, aus denen hervorgeht, daß FREUD vom Phänomen des luziden Träumens gewußt haben muß. So schrieb FREUD in seiner vierten Ausgabe der „Traumdeutung" (1900/1960, S. 466).

„Der Marquis d'Hervey (Vaschide S. 139) behauptete, eine solche Macht über seine Träume gewonnen zu haben, daß er ihren Ablauf nach Belieben beschleunigen und ihnen eine ihm beliebige Richtung geben konnte. Es scheint, daß bei ihm der Wunsch zu schlafen einem anderen vorbewußten Wunsch Raum gegönnt hatte, dem, seine Träume zu beobachten und sich an ihnen zu ergötzen. Mit einem solchen Wunschvorsatz ist der Schlaf ebensowohl verträglich wie mit einem Vorbehalt als Bedingung des Erwachens (Ammenschlaf). Es ist auch bekannt, daß das Interesse am Traum bei allen Menschen die Anzahl der nach dem Erwachen erinnerten Träume erheblich steigert. Über andere Beobachtungen von Lenkung der Träume sagt Ferenczi: ‚Der Traum bearbeitet den das Seelenleben gerade beschäftigenden Gedanken von allen Seiten her, läßt das eine Traumbild bei drohender Gefahr des Mißlingens der Wunscherfüllung fallen, versucht es mit einer neuen Art der Lösung, bis es ihm endlich gelingt, eine die beiden Instanzen des Seelenlebens kompromissuell befriedigende Wunscherfüllung zu schaffen.‘"

Allerdings gab FREUD dann später zu, daß das Bewußtsein um den Traumzustand den Träumer nicht nur mit der Möglichkeit ausstattet, einem unangenehmen, beängstigenden Erleben zu entkommen, sondern auch Angenehmes in ganzer Fülle auszukosten.

Frederik Willems van EEDEN, dem wir den Begriff „luzides Träumen“ verdanken, hat jahrelang ein Traumtagebuch geführt und schließlich in dem Roman „The Bride of Dreams“ über seine nächtlichen Abenteuer erzählt. 1913 hielt er, bei einer Zusammenkunft der Society for Psychical Research, einen Bericht über seine 352 luziden Träume, die er zwischen 1898 und 1912 gesammelt hatte:

> “In these lucid dreams, the re-integration of the psychic functions is so complete that the sleeper reaches a state of perfect awareness and is able to direct his attention, and to attempt different acts of free volition. Yet the sleep, as I am able confidently to state, is undisturbed, deep and refreshing.” (van EEDEN 1913, S. 437).
> (Üs. d. Verf.: In diesen luziden Träumen ist die Re-Integration psychischer Funktionen so vollständig, daß der Schläfer einen Zustand völliger Gewahrsamkeit erreicht und sogar fähig ist, seine Aufmerksamkeit zu steuern und freie Willenshandlungen durchzuführen. Und dennoch ist der Schlaf, wie ich meine bezeugen zu können, ungestört, tief und erholsam.)

Mit dem „Klartraum“ beschäftigten sich in diesem Jahrhundert außerdem Mrs. Mary ARNOLD-FORSTER, Hugh CALLOWAY, der unter dem Namen Oliver FOX veröffentlichte, und Ram NARAYANA. Im „Zauberberg“ (1927/1969) von Thomas MANN findet sich ebenfalls die Beschreibung von luziden Träumen, wenn Hans Castrop in die Mysterien des Lebens eingeführt wird. Auch Piotr D. OUSPENSKY dürfte um das Phänomen des luziden Träumens gewußt haben. A.E. BROWN entwickelte eine Technik, um den Traumzustand zu überprüfen: Er empfahl in die Luft zu springen und die Wahrnehmung der Schwerkraft zu testen. Dies wurde 1936 im „Journal of Abnormal Psychology im Artikel“ unter dem Titel „Dreams in Which the Dreamer Knows He is Asleep“ beschrieben. Einen ähnlichen Artikel verfaßte Harold von MOERS-MESSMER 1938: „Dreaming while knowing about the dream state“.

Zehn Jahre später veröffentlichte Nathan RAPPORT, ein amerikanischer Psychiater, einen Artikel mit dem Titel „Pleasant Dreams!“ (1948, S. 309ff.). Er schrieb: „... the nature of dreams may be studied best on those rare occasions when one is aware that he is dreaming“ und meinte also, daß das Wesen der Träume am besten studiert werden könne, wenn man – selten genug – weiß, daß man träumt. 1966 verfaßte HAVLCZEK „A Contribution to the Dynamics of ‚Lucid‘ Dreams“.

Erst in den letzten zwanzig Jahren ist es, unter anderem durch die Erforschung der Schlafstadien, möglich geworden, luzides Träumen einer wissenschaftlichen Untersuchung, die dem heutigen Standard entspricht, zu unterziehen. Federführend auf diesem Gebiet sind Stephen LaBERGE, Stanford University, Jayne GACKENBACH, eine kanadische Sozialpsychologin, Paul THOLEY, der an der Wolfgang-Goethe-Universität in Frankfurt lehrte und Celia GREEN in Oxford.

3. Induktion von luziden Träumen

Luzides Träumen kann erlernt und trainiert werden. Im folgenden will ich kurz anführen, wie der Zustand des luziden Träumens herbeigeführt werden kann.

Es ist jedoch nicht jedermann zu empfehlen, den Versuch zu unternehmen, sich der Fähigkeit des luziden Träumens zu bemächtigen.

3.1 Induktion durch „Bewußtsein", Einstellung, Motivation und Konditionierung

Stephen LaBERGE hat Eigen- und Fremdversuche unternommen, um verschiedene Techniken zur Einleitung von luziden Träumen zu entwickeln. Er unterscheidet zwischen „WILD" (wake initiated lucid dreams), luzide Träume, die im Wachzustand eingeleitet werden, und „DILD" (dream initiated lucid dreams), luzide Träume, deren Induktion innerhalb des Traumes stattfindet. Bei WILD wird versucht, das „Bewußtsein" beim Einschlafen aufrechtzuerhalten. Diese Technik haben schon die Tibeter angewendet: Sie visualisieren beim Einschlafen ein tibetisches „A" in Kehle oder Herz, mit der Intention, diese Visualisation in den Schlafzustand „mithinüber" zu nehmen.

THOLEY nennt diese Vorgangsweise „bewußtsein-erhaltende Technik" (1980).

THOLEYS „bewußtsein-gewinnende Technik", von ihm als „Reflexionstechnik" (1983) bezeichnet, wurde LaBERGE vermutlich unter die DILD-Methoden einordnen: Man stelle sich tagsüber im Wachzustand des öfteren ernsthaft die Frage, ob man sich im Traum- oder Wachzustand befindet, besonders beim Wahrnehmen von Objekten, die einem auch im Traum des öfteren begegnen, – bis sich eines Nachts diese Frage auch im Traumzustand aufwirft. Ich selbst füge, wenn es die Umgebung erlaubt, zur Überprüfung des Zustands „Realitychecks" (Kap. 1.2.1) an. Diese Realitätsüberprüfungen sind von LaBERGE beschrieben worden. Es handelt sich dabei also um eine Kombination von Einstellungsänderung, Erwartungshaltung und Konditionierung. Auf einem ganz ähnlichen Prinzip beruht auch LaBERGES „Lucid Dream Induction Device", eine Augenmaske, die nach dem Beginn der REMperiode Lichtblitze abgibt, wodurch der Träumer darauf aufmerksam gemacht wird, daß er träumt (siehe dazu Kap. 3.3 und die Beschreibung der Augenmaske im experimentellen Teil).

Eine Methode, die sowohl bewußtseins-erhaltende als auch bewußtseins-gewinnende Ausprägungen haben kann, ist die von LaBERGE entwickelte „MILD“-technik (Mnemonic Induction of Lucid Dreams). Sie wird nach dem Erwachen aus einem Traum angewendet. Der Traum wird in seinen Phasen knapp vor dem Erwachen noch einmal „durchgedacht“ bzw. imaginiert, während man sich bei diesem sozusagen abermaligen Erleben des Traums vorstellt, luzide zu werden. Die Intention ist dabei durch folgende Autosuggestion zu binden: “Next time I'm dreaming, I want to remember I'm dreaming.” (LEVITAN 1989, Vol. 1/3, S. 9).

(Üs. d. Verf.: Nächstes mal, wenn ich träume, möchte ich mich daran erinnern, daß ich träume.)

3.2 Induktion durch externe Stimuli

Im allgemeinen fließen externe (oder äußere) und interne (oder innere) Stimuli[2] nicht in Träume ein, es sei denn, das Sensorium ist entsprechend „motiviert“ (Ammenschlaf). Aus eigenen Erfahrungen ist sicherlich jedem bekannt, daß verschiedene Stimuli in Träume „eingebaut“ werden können. Ein solcher Vorgang wird als Inkorporation (incorporation) bezeichnet. Wer kennt nicht das enervierende Geräusch etwa einer Motorsäge im Walde, das sich langsam verändernd als das des am Nachttisch stehenden Weckers zu erkennen gibt. Fast anektotisch möchte wirkt der Traum eines bekannten Schlafforschers. Ihm träumte, daß er im Zuge der französischen Revolution guillotiniert werden sollte. Schweißgebadet erwachend bemerkte er, daß sein Kopf über der Bettkante hing.

Eine der ersten Arbeiten, die sich empirisch mit äußeren Stimuli und deren Einfluß auf den Trauminhalt beschäftigt hat, ist 1958 von WOLPERT und DEMENT durchgeführt worden. Während des REMschlafes wurden drei verschiedene Stimuli vorgegeben: ein 1,000 cps reiner Ton, eine blitzende 100 Watt Lampe und ein feiner Strahl kalten Wassers.

---

2 Unter einem externen oder äußeren Stimulus verstehen wir einen Reiz, der nicht dem Organismus des Träumers entspringt, während wir mit einem internen oder inneren Stimulus einen Reiz bezeichnen, der im Organismus des Träumers verursacht wird.

Die Versuchspersonen wurden nach Verabreichung des Stimulus nach ihren Träumen befragt, die dann wiederum danach eingeschätzt wurden, ob der Stimulus in irgendeiner Form in den Traum mitverwoben worden ist. Das Ergebnis war, daß 42 % der Wasserstrahlstimuli, 23 % der Lichtstimuli und 9 % der akustischen Reize eingebaut worden waren. Die Stimuli wurden auch 15 mal während des NonREMschlafes dargeboten, es ließ sich aber kein einziger Traumbericht eine Verarbeitung erkennen.

Ralph BERGER hat gesprochene Namen als Reize verwendet. Er berichtete von einer Verarbeitungsrate von 54 %, jedoch von keinem Unterschied zwischen Worten emotionalen oder neutralen Inhalts.

Weiters wurde eine großangelegte Arbeit unter der Anleitung von DEMENT mit Stanfordstudenten durchgeführt. Dabei sind äußere Stimuli in Form von 12 sehr vertrauten und zur Hellhörigkeit veranlassenden Geräuschen verwendet worden, wie beispielsweise das Krähen eines Hahnes, der Ton einer Dampflokomotive, das Bellen eines Hundes, Verkehrslärm und eine Rede von Martin Luther King Jr. Die Geräusche wurden auf Band aufgenommen und ungefähr 10 Sekunden nach Beginn der REMperiode eingeschaltet. Es stellt sich heraus, daß 56 % der aufgezeichneten Träume von diesen Geräuschen beeinflußt waren, wobei das Geräusch der Lokomotive am häufigsten und der Verkehrslärm am seltensten verarbeitet wurde. Weitere interessante Arbeiten zur Aufnahme externer Stimuli ins Traumgeschehen führte eine Gruppe um Prof. Inge STRAUCH in Zürich durch. Auch Beobachtungen über interne Stimuli, wie Hunger und Durst, zeigen an, daß Stimuli den Trauminhalt beeinflussen können. Diese Tatsache könnte teilweise auf FREUDS Wunscherfüllungstheorie zurückgeführt werden, die besagt, daß Träume ein Versuch sind, unerfüllte Wünsche des Träumers ersatz-zu-befriedigen. Im Lichte der Homöostasetheorie scheint das nicht ganz unplausibel.

Als weiteren internen Stimulus muß man den körperlichen Entzug von etwa erwähnen, der von einem Anstieg der Frequenz und Dauer der REMperioden und oft von Alpträumen begleitet wird.

Der Inhalt von Träumen wird auch, wie erwähnt, von sogenannten Tagesresten beeinflußt. Wesentlich zur Inkorporation beitragen dürfte, neben der Motivation des Träumers, die Intensität des jeweiligen Reizes. Ein an oder knapp unter der Reizschwelle liegender, also gerade noch oder gerade noch nicht wahrgenommener (subliminaler) Reiz scheint eher verarbeitet zu werden als ein deutlicher. Ist der Reiz zu stark, erwacht der Träumer. Ist der Reiz gering genug und somit

„mundgerecht" für das Unbewußte, steigen seine Chancen, verarbeitet zu werden. Otto PÖTZLS Versuche, die er schon 1917 durchgeführt hat, sind hier als Beispiele anzuführen. Auch SACERDOTES „Induced Dreams" (1967), beruhen auf demselben Prinzip. Er glaubt, Trauminhalte mittels Hypnose verursachen zu können. Diesen Ansatz möchte ich bei der Induktion von Klarträumen gerne erproben.

Dieses Prinzip der Einflechtung von Außenreizen ins Traumgeschehen hat sich LaBERGE bei der Entwicklung seines „lucid-dream-induction-device" zunutze gemacht, einer Augenmaske, die durch Aufzeichnungen der Augenbewegungen und Abgabe von Lichtreizen eine DILD-Induktion (Kap. 3.1) einleitet. In den 80er Jahren hat Keith Hearne (1983) bereits eine ähnliche „Dream Machine" in England entwickelt.

Eine Schlafmaske, von LaBerge entwickelt, habe auch ich verwendet, um den Versuchspersonen möglichst viele luzide Träume zu „entlocken". (Eine genaue Beschreibung und Abbildung der Maske finden sich im experimentellen Teil.) Der externe Stimulus wird über die Maske in Form von Lichtblitzen (in unserer Studie 4 Hz) vorgegeben. Dieser Reiz soll den Träumer daran erinnern, daß er träumt. Die Versuchspersonen waren an das Tragen der Augenbinde mit dem eingebauten Lichtstimulus gewöhnt und darauf konditioniert, sich immer, wenn sie sich tagsüber eines Lichtes gewahr wurden, zu fragen, ob sie sich im Traum oder im Wachzustand befinden. Das Ziel bestand darin, daß sie diese Frage auch stellen, wenn sie sich im Traum einer Lichtquelle gewahr wurden.

Diese Vorgangsweise hat bereits Stephen LaBERGE eingehend getestet und dokumentiert. Er hat hiezu eine Erhebung verschiedener Induktionsmethoden durchgeführt und deren Effektivität dokumentiert. Er verglich die einfache Autosuggestion, nämlich: „Tonight I will have a lucid dream!" (Üs. d. Verf.: Heute Nacht werde ich luzide träumen!) mit der von ihm entworfenen „MILD"-Technik und einer leicht abgewandelten Form der von THOLEY entwickelten Reflexionstechnik, die hier „Reality test" genannt wird. Die Ergebnisse lassen sich in Abbildung 5 ablesen (LEVITAN 1989, Vol. 1/3, S. 10).

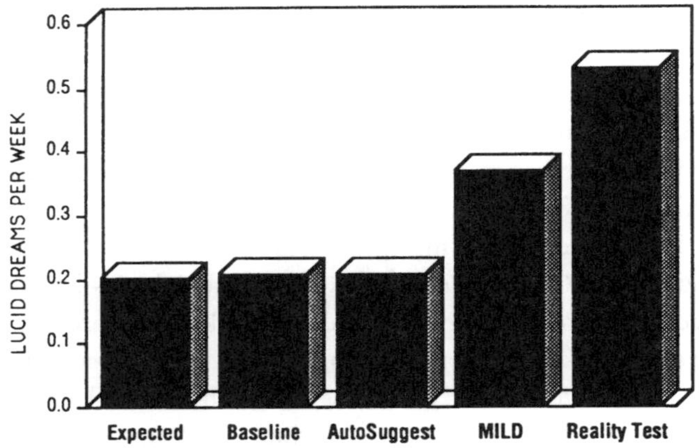

Abb. 5: *Mittlere Anzahl luzider Träume pro Woche getestet an 468 Psychologiestudenten in Stanford.*

In einer weiteren Untersuchung stellte LaBERGE (LEVITAN 1989, Vol. 1/2, S. 11) Induktionstechniken, wie MILD, einzeln und in Kombination mit der Induktionstechnik der Augenmaske einander gegenüber. (DL steht für Dream light – Augenmaske):

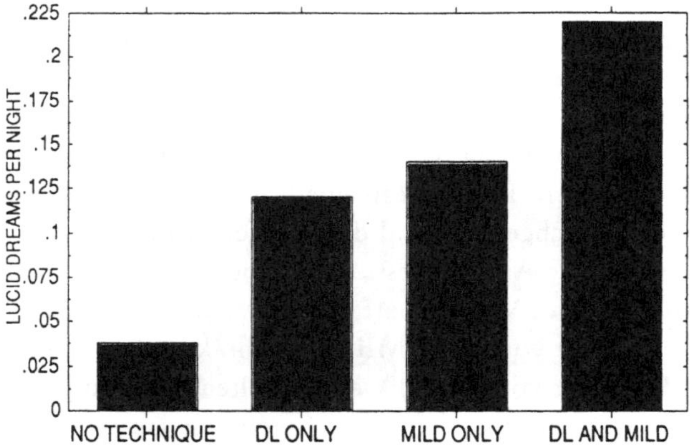

Abb. 6: *Techniken zur Induktion von luziden Träumen einzeln und kombiniert.*

Wie zu erwarten war, bringt eine kombinatorische Anwendung mehrerer Techniken die größte Anzahl von Klarträumen.

4. Physiologische Grundlagen
(nach WOLMAN 1979)

4.1 Zyklen, die Schlafen und Wachen bestimmen

4.1.1 Infra-, circa- und ultradiane Rhythmen (nach HOBSON 1989)

Der Ablauf unseres Alltags, ja unseres Lebens ist von Rhythmizität geprägt, ich würde sogar sagen, abhängig. Rhythmen, die über einen Tag hinausgehen, haben die Bezeichnung infradian; die Rhythmen, die ungefähr einem Tag, also 24 Stunden entsprechen, nennt man circadian; Rhythmen, die eine kürzere Spanne, etwa auch 90 Minuten-Zyklen bezeichnen, heißen ultradian.

Unser biologischer Tag- und Nachtrhythmus und auch der Jahreszeitenwechsel scheinen sich aufgrund der Licht- und Temperaturverhältnisse unserer Umgebung ergeben zu haben. Lebenswichtige Ereignisse, wie die Reproduktion der Art und die Futtersuche, orientieren sich danach. Es verringert sich etwa die Körpertemperatur im Schlaf, obwohl der sie steuernde Mechanismus, wie wir später sehen werden, unabhängig vom Schlaf sein dürfte. Immerhin müssen wir uns in diesem Zustand auch nicht auf Futtersuche begeben.

Dieser inneren Uhr, die unseren biologischen Rhythmus zu bestimmen scheint, dürfte sogar eine so primitive Struktur wie die DNA gehorchen. Jürgen ASCHOFF und Rutger WEVER vom Max-Planck-Institut in Erling-Andechs haben den Begriff „Zeitgeber" geprägt, der äußere Stimuli meint, die unsere innere Uhr zu stellen scheinen, wie Temperatur- und Lichtwechsel. Um dieses Konzept der inneren Uhr zu überprüfen, haben ASCHOFF und WEVER Menschen in einem Bunker völlig von der Umwelt abgeschirmt. Jede an diesem Versuch teilnehmende Person hat einen Monat lang alleine in einem Bunker verlebt. Es wurde vereinbart, daß jeder schlafe, wann immer er wollte. Nickerchen aber möglichst vermeiden sollte. Von allen Personen ist die Körpertemperatur aufgezeichnet worden. Es zeigte sich, daß sich bei fast allen Versuchspersonen ein Rhythmus von etwas mehr als 24 Stunden, nämlich etwa 25 Stunden, einstellte (siehe GUTTMANN 1982, S. 321). Nach den heutigen Kenntnissen muß diese Beobachtung revidiert werden, die innere Uhr dürfte unserem bekannten 24-Stunden-Rhythmus entsprechen. Jeder kennt das Phänomen, daß man sich nach langen

Flugstrecken erst an die Tageszeit des Ankunftsortes, die innere Uhr „anpassen" muß – Flüge gegen Westen sind dabei verträglicher. Direkt an diesen Rhythmus gekoppelt sind: die Funktion der Körperkerntemperatur (die Schlafbereitschaft erreicht ihr Maximum bei Temperaturminimum [etwa 5.00 früh]) und die Ausschüttung von Wachstumshormonen, Streßhormonen und Prolactin.

In einer Studie von ZULLEY und CAMPBELL zeigte sich, daß die Körpertemperatur während des Schlafes leicht ansteigt, obwohl beim Einschlafen die Temperatur zu sinken scheint. Dies dürfte die Regenerationstheorie unterstützten. PARMEGGIANI und HELLER konnten beweisen, daß die verminderte Anpassung an die Außentemperatur vom REMschlaf begleitet und vermutlich sogar durch eine verminderte Sensitivität der Neuronen des Hypothalamus verursacht wird. Diese fungieren wahrscheinlich als Thermostat im Gehirn.

RICHTER kam durch eine Untersuchung an Ratten zu dem Schluß, daß der Hypothalamus den Tag-Nacht-Rhythmus bestimmt. Die Tiere wurden geblendet, und dennoch hat sich ein Rhythmus ihrer Tätigkeit ergeben. Die Aktivität verschwand aber, wenn der Hypothalamus beschädigt worden war. MOORE ging dieser Beobachtung weiter nach und konnte zeigen, daß die für diese Leistung verantwortliche Hirnregion der Suprachiasmatische Nucleus ist (SCN), ein Nucleus, der gepaart im Hypothalamus über dem Chiasma opticum sitzt. MOORE fand eine direkte Verbindung zu den Augen. Allerdings konnte die Verbindung zum Hirnstamm, die für die Erklärung des Schlafrhythmus wesentlich wäre, noch nicht gefunden werden. INOUE und KAWAMURA, am Mitsubishiinstitut in Tokio, konnten sogar nachweisen, daß der SCN aus dem Gehirn extrapoliert seine Tätigkeit aufrechterhält.

In diesem Zusammenhang scheint erwähnenswert, daß sich KLEITMAN an der Universität Chicago, bevor er den nächtlichen NonREM-REMrhythmus entdeckte, mit Rhythmen, die unseren Tagesablauf bestimmen, beschäftigt hat.

Während des Schlafes ergibt sich, ein Rhythmus von 90–100 Minuten, der, wäre er nicht vom Wachzustand unterbrochen, 16 mal pro Tag auftreten würde. Deshalb wird er auch ultradianer Rhythmus genannt. Vermutlich ist die dafür verantwortliche innere Uhr im Pons zu finden.

Der Gedanke liegt nahe, daß uns dieser eineinhalb Stunden-Rhythmus auch tagsüber begleitet. Die dieser Theorie anhängenden Forscher nennen diesen Zyklus BRAC: Basic Rest Activity Cycle (Üs. d. Verf.: Grundlegender Ruhe-Aktiviertheits-Zyklus). Allerdings liegen keine

Untersuchungen vor, die diese Annahme bestätigen könnten. Physiologisch müßte das Zusammenspiel von Hypothalamus und dem Hirnstamm verifiziert werden.

4.1.2 Der Schlafzyklus

4.1.2.1 Meßgrößen und deren Kennwerte

Die entscheidenden Schritte im physiologischen Bereich der Traumforschung wurden 1953 von ASERINSKY und KLEITMAN, sowie 1957 von DEMENT und KLEITMAN unternommen. Aserinsky war der erste, der die schnellen Augenbewegungen (rapid eye movements) bestimmten Schlafstadien zugeordnet hat. Wurde der Schläfer aus einer derartigen Phase (REMperiode) geweckt, berichtete er gewöhnlich, daß er gerade geträumt hatte.

Bis zu diesem Zeitpunkt ist man davon ausgegangen, daß der Schlaf von einem einzigen Teil des Gehirns gesteuert wird, der Formatio Reticularis. Einschlafen wurde für einen im wesentlichen passiven Vorgang gehalten. Diese Anschauung mußte nun der Erkenntnis Platz machen, daß es sich beim Schlaf um einen zyklischen und aktiven Vorgang handelt (siehe dazu auch GUTTMANN 1982, S. 322). Die letzten neuroanatomischen, neurophysiologischen und biochemischen Arbeiten deuten darauf hin, daß die Mechanismen, die zum Einschlafen führen, den Wachheitszustand sogar aktiv unterdrücken. Eine mögliche Sichtweise dieses Phänomens ist jene, daß sich drei verschiedene Stadien abwechseln: Wachheit – NonREMschlaf – REMschlaf. Beim Traum handelt es sich also um etwas Vorhersagbares, das wahrscheinlich eine grundlegende biologische Funktion erfüllt. SNYDER (1966) bezeichnete den Traum auch als „a third state of existence“.

Die Unterscheidung der Schlafstadien aufgrund unterschiedlicher physiologischer Kennwerte erfolgt in REM (Stadien mit schnellen Augenbewegungen) und N(on)REM (Stadien ohne schnelle Augenbewegungen). Allgemein gesagt, ist der REMschlaf, jedenfalls was das Hirnstrombild betrifft, von höherer Aktiviertheit begleitet und insofern dem Wachzustand ähnlicher als der NonREMschlaf. Deutliches Unterscheidungsmerkmal zwischen Wachen und REMschlaf ist die Muskelspannung: sie ist im REMschlaf so gut wie nicht vorhanden. Aus diesem Grund wird der REMschlaf auch Paradoxer Schlaf genannt.

In McCARLEYS und HOBSONS Theorie zur Entstehung von Schlaf und Traum, der „Activation-Synthesis-Hypothesis“ (Üs. d. Verf.: Aktivierungs-Synthese-Hypothese), stellt dieses Paradoxon in erweiterter Form einen Eckpfeiler dar (siehe Kap. 4.2.1). Im REMschlaf kommt es zum Gegensatz einer einerseits hohen Hirnaktivität, die sonst mit der Generierung von motorischem Output verbunden ist, nun aber andererseits mit völliger Muskelentspannung einhergeht, die Outputsignale an die Körpermuskulatur also unterdrückt bzw. abzufangen scheint. Bei der Abfolge der Schlafstadien handelt es sich um einen automatisch gesteuerten Prozeß, der sich auch von der vorher erwähnten circadianen Periodik (ca. 24 Stunden) des menschlichen Lebens beeinflussen läßt, seinen Motor aber aufgrund des ca. 90-Minuten-Intervalls vermutlich im Hirnstamm hat.

Die Physiologie des REMschlafes unterscheidet sich von der des NonREMschlafes in folgenden drei Punkten:

1. Atmung, Herzschlag und Blutdruck sind höher und unregelmäßiger;
2. Sauerstoffverbrauch, Hirntemperatur und Durchblutung der Hirnrinde sind erhöht;
3. Peniserektion, Muskelaktivität im Mittelohr, Muskelzuckungen in Gesicht und Gliedmaßen sind deutlicher sichtbar.

NonREM allerdings läßt sich in weitere vier Stadien unterteilen: Stadium 1 ist das Einschlafstadium und wird im Verlauf der Nacht innerhalb des Schlafzyklus vom REMschlaf ersetzt. Stadien 2 und 3 werden auch als Übergangsstadien bezeichnet. Die Stadien 3 und 4 scheinen zusammengefaßt als Deltaschlaf in der Literatur auf. In den Stadien 2, 3 und 4 ist Muskelspannung vorhanden, wenn auch in geringem Ausmaß. Zur genauen Erfassung der Stadien sind EEG (Elektroenzephalogramm): zur Erfassung der Hirnströme, EMG (Elektromyogramm): zur Erfassung der Muskelspannung, EOG (Elektrookulogramm): zur Erfassung der Augenbewegungen notwendig.

Mit den Aufzeichnungen im Schlaflabor ist es also möglich geworden, und eine der wesentlichsten Erkenntnisse, die gewonnen werden konnten, ist, daß der Schlaf kein passiver sondern ein hochaktiver Zustand des Gehirns ist.

Hypnos und Thanatos, die griechischen Götter des Schlafs und des Todes sind zwar Brüder, doch sie vertreten verschiedene Lebensbereiche.

Schlaf konserviert Energie – während wir schlafen verbrauchen wir weniger Energie. Wir sind dabei weder der Kälte ausgesetzt, denn wir liegen ja meistens in einem warmen Bett, noch müssen wir unsere Muskeln anstrengen.

Aber es handelt sich nicht nur um die Einsparung von Energie – eigentlich stellen wir die Fähigkeit unseres Körper, sich gegen Kälte zu schützen wieder her. Schlaf erhält, bzw. regeneriert die Erhaltungfähigkeit. Man spart nicht nur Kalorien, es wird vielmehr die Fähigkeit, Kalorien zu regulieren wiederhergestellt.

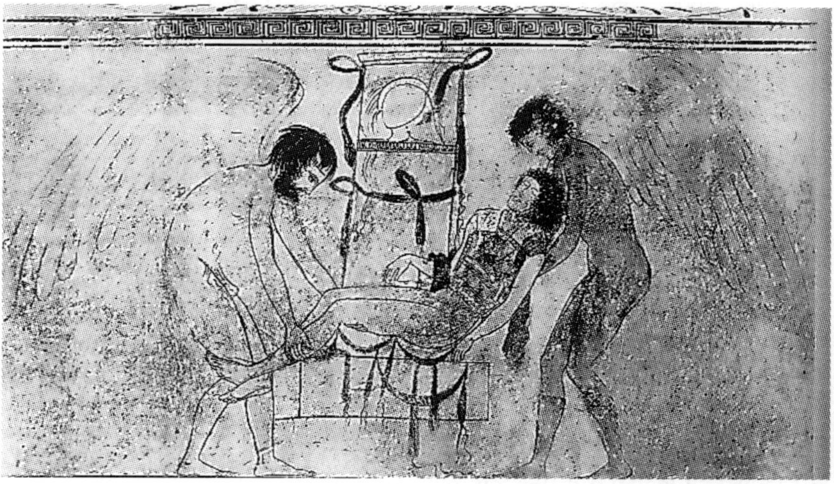

Abb. 7: *Hypnos und Thanatos (in Pötzsch, 1993).*

Die Zeit, die sich unserem wachen Bewußtsein entzieht weist eine klar umrissene Architektur auf.

Der Schlaf läuft in Zyklen, in gewissen Rhythmen ab. Ein Zyklus von etwa 90 Minuten besteht aus 5 Schlafstadien, die jeweils eine unterschiedliche Schlafqualität bedeuten.

Der **Wachzustand vor dem Einschlafen** zeichnet sich durch rasche Gehirnwellen und eine hohe Muskelaktivität aus:

EEG: Regelmäßiges Auftreten von Alphawellen in einer Frequenz von 8–12 c.p.s. (cycles per second), mit einer eher niederen Amplitude (50 mv)

EMG: präsent

EOG: REM sind sichtbar

Das **1. Schlafstadium**, das Einschlafstadium (Übergang vom Wach- zum Schlafzustand), ist charakterisiert durch:

EEG: unregelmäßig mit Frequenz von 4–8 c.p.s., mit einer weiterhin niederen Amplitude (50mv)

EMG: präsent

EOG: Augenbewegungen treten weiterhin auf, aber in langsamer und rollender Form (Slow Eye Movements = „SEM")

Der Körper entspannt sich, die Gehirnwellen werden langsamer, die Muskelaktivität wird reduziert und wir verlassen die Welt des bewußten Daseins. Die Augen bewegen sich langsam und rollend. Das ist das Stadium des Schäfchenzählens. Die Körpertemperatur fällt um einige zehntel Grad ab, Atmung und Puls werden langsamer, der Blutdruck sinkt.

Wir steigen weiter in das **2. Schlafstadium**, die Gehirn- und die Muskelaktivität nehmen kontinuierlich ab.

EEG: Auftreten der für diese Phase charakteristischen „Spindeln" (12–14 c.p.s., niedere Spannung) und „K-Komplexe", kurz und plötzlich auftretende Wellen mit hoher Amplitude; Spindeln und K-Komplexe sind in ein sonst eher unregelmäßiges, niederfrequentes (3–4 c.p.s.) EEG-Muster mit niederer Amplitude eingestreut

EMG: präsent

EOG: absent

Hier wird zuweilen mit den Zähnen geknirscht.

Nun sinken wir in den Slow-wave-sleep (SWS), in das 3. und 4. Stadium. Zirka 30 bis 40 Minuten nach dem Einschlafen ist dieser Zustand erreicht.

3. Schlafstadium

EEG: Durchschnittliche Anzahl (20–50 %) sehr nieder frequenter (1–2 c.p.s.) Wellen mit hoher Spannung (75 mv), die auch DELTA-Wellen genannt werden; Spindeln und K-Komplexe treten weiterhin gelegentlich auf

EMG: präsent

EOG: absent

Hier kann es zum Schlafwandeln kommen.

Im 4. Stadium strömen die Hirnwellen langsam, mit 1 bis 4 Hz, man nennt sie Delta-Wellen. Das Gehirn ruht sich aus. Diese Schlafstadium ist gemeint, wenn man von komaartigem Schlaf spricht. Die Muskeln sind jedoch leicht aktiv, also bereit für den Notfall.

4. Schlafstadium

EEG: Langsame Deltawellen mit hoher Amplitude dominieren (mehr als 50 %); Spindeln und K-Komplexe sind vom Polygraphenpapier verschwunden

EMG: präsent

EOG: absent

In diesem Zeitabschnitt wird für die Regeneration des Körpers gesorgt, Eiweißmoleküle werden gebildet. Angstzustände können eintreten.

Nun taucht der Mensch wieder in das 3. Stadium auf – dann weiter in die 2. Phase und danach bricht der REM-Schlaf an.Das Gehirn entwickelt eine Aktivität, die dem Wachzustand sehr ähnlich ist. Die Muskelspannung fällt auf Null, die Augen vollführen schnelle Bewegungen. Aber vor allem ist dies die Zeit der bunten und bizarren Träume, die uns häufig am Morgen in Erinnerung sind.

REM-Stadium

EEG: wie Stadium 1

EMG: unterdrückt

EOG: Ausbrüche schneller miteinander verbundener Augenbewegungen, sogenannt „bursts".

Entweder erwacht der Schlafende in diesem Moment oder er steigt die „Schlaftreppe" wieder hinunter. 4 bis 5 mal durchlebt der durchschnittliche Schläfer diese 90-minütige Abfolge, wobei sich die Phasen im Laufe einer Nacht verschieben:

Der REM-Schlaf dauert am Beginn circa 5 Minuten und wird im Laufe der Nacht immer länger. Gegen Morgen kann er bis zu einer

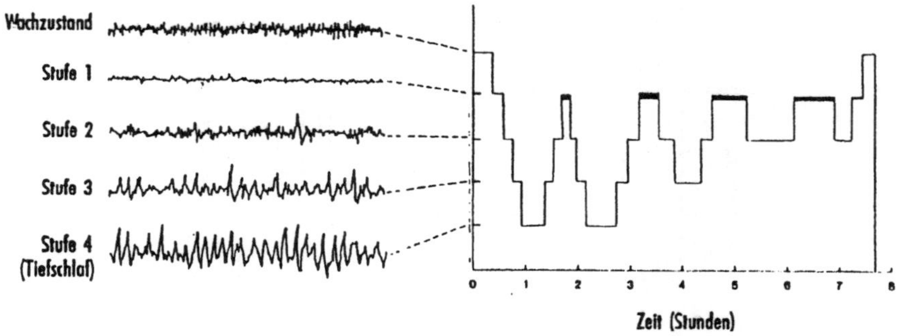

Abb. 8: *EEG-Muster der verschiedenen Schlafmuster.*

Stunde dauern. Der komaartige Tiefschlaf nimmt hingegen im Laufe der Nacht kontinuierlich ab.

Überblickt man einen Zyklus dieser Stadien, wird eine generelle Verlangsamung des Frequenzspektrums und ein Anstieg der Wellenamplitude erkennbar (EEG). Dies spiegelt die Abfolge vom leichten zum Tiefschlaf wider. So kann also REM als eine Phase leichten Schlafes angesehen werden, zieht man das EEG allein zur Beurteilung heran. Werden allerdings auch die Daten des EMG miteinbezogen, scheint REM eine Tiefschlafphase zu sein. Dies ist die Ursache dafür, daß REMschlaf auch als „paradoxer Schlaf“ bezeichnet wird. Da die Stadien 2, 3 und 4 eine Abfolge desselben zu sein scheinen, und sich der REMschlaf so deutlich davon abhebt, wird üblicherweise in REM- und NonREMschlaf unterteilt. Diese beiden Kategorien dürften sich nicht nur in ihrer physiologischen Ausprägung unterscheiden, sondern auch in ihren biologischen und psychologischen Funktionen.

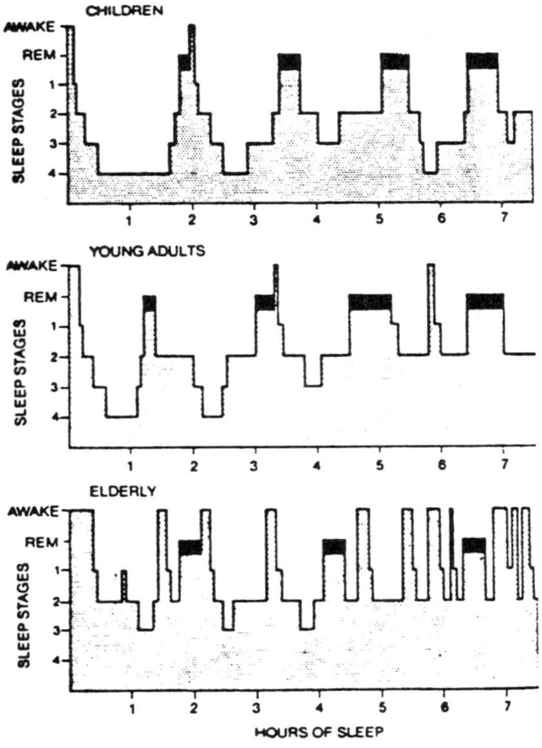

Abb. 9: *Schlafprofil über verschiedene Lebensabschnitte.*

Man verbringt die Nacht im Durchschnitt zu 75 % in NonREM- und zu 25 % in REMschlaf. Die Schlafstadien verschieben sich nicht nur innerhalb einer Nacht, sondern auch über das Lebensalter hinweg. Ungeborene im Uterus verbringen viel Schlafenszeit im REMschlaf. REMschlaf soll aber auch zur Reifung und Ausdifferenzierung des ZNS dienen, indem er dem jungen Organismus dazu verhilft, mit der enormen Anzahl an Stimuli zurechtzukommen, denen er ausgeliefert ist.

Abb. 9 zeigt, daß sich besonders die REMzeit mit dem Älterwerden radikal verkürzt, was zu einigen Annahmen Anlaß geben kann.

Ein derartiger Schlafzyklus ist charakteristisch für alle lebendgebärenden Säugetiere (Ausnahmen sind der Delphin und der Ameisenigel), Ausprägung und Länge der einzelnen Stadien und des gesamten Zyklus variieren sowohl von Spezies zu Spezies, als auch innerhalb einer Art. Man muß darauf hinweisen, daß es sich jedenfalls beim REMschlaf um einen einzigartigen Gleichklang der Physiologie bei Tier und Mensch handelt: Der Muskeltonus ist unterdrückt – die Hirnaktivität ist hoch – die charakteristischen Augenbewegungen sind vorhanden.

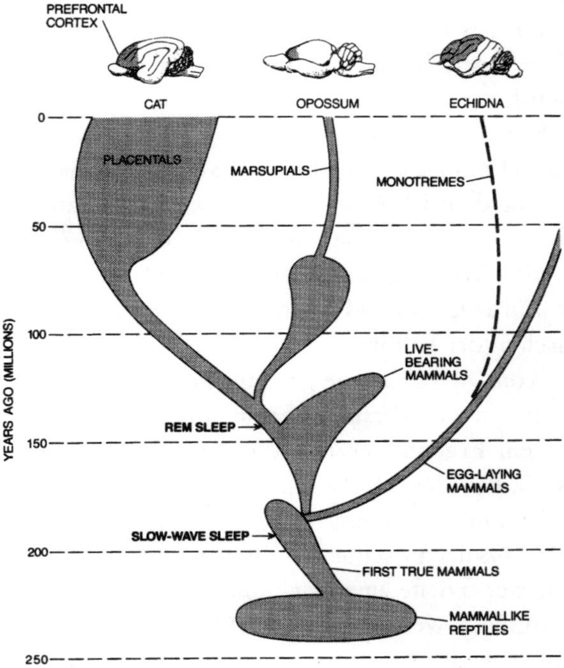

Abb. 10: *Entwicklung des REMschlafs bei Säugern (In: Scientific American, November 1990).*

Bei fast allen Tieren finden wir Schlafverhalten, das REM und NonREMschlaf beinhaltet: bei den höheren Tieren, den Säugetieren, den Wirbeltieren, auch den Vögeln und den Fischen. Die Meeressäuger haben ein ganz besonders Schlafverhalten entwickelt, um zu überleben: sie schlafen immer nur mit einer Hirnhälfte. Die Frage aber, wo beginnt der Schlaf ist schwieriger zu beantworten: Denn obwohl bei Wirbellosen, z. B. Insekten ein deutliches Ruheverhalten zu beobachten ist, ist es schwierig, mittels Elektroden das Schlafverhalten festzuhalten.

Eine Studie von FISS und ELLMAN (1973) zeigt deutlich, daß psychologische Faktoren das Schlafmuster beeinflussen können, ebenso wie längeres Wachbleiben, Veränderungen im Arbeits- und Lebensstil, Streß und Veränderungen der gewohnten Schlafumgebung das Schlafmuster sogar radikal verändern können. Kinder brauchen bei weitem mehr Schlaf als alte Menschen.

RECHTSCHAFFEN bemerkte 1964 treffend, daß viel über die Biologie des Träumens bekannt ist, jedoch wenig darüber, was für ein Traum jener der Biologie ist. Dennoch möchte ich mich DEMENT (1972, S. 37) anschließen, wenn er wie HOBSON meint, daß das Auftreten von REM- und NonREM-perioden durch einen physiologisch-biochemischen Prozeß bestimmt wird, der von Natur aus zyklisch ist.

Weiters sei kurz angemerkt, daß es sich bei der Erforschung von Träumen um ein sehr „biegsames" Thema handelt und man deshalb vor Beginn jeder Studie deutlich machen sollte, was man unter Traumforschung versteht. Aus einer Studie von KLEITMAN (1957) geht hervor, daß nach 80 % der Weckungen aus dem REMschlaf lebhafte Traumberichte berichtet wurden, während das nur bei 6,9 % der Weckungen aus dem NonREMschlaf der Fall war.

1961 wurde von DEMENT eine großangelegte Studie durchgeführt: Man hatte Daten von 214 Versuchspersonen über 885 Versuchsnächte gesammelt und ein Ergebnis erzielt, das jenes der KLEITMANstudie bestätigte: aus 83.3 % der REMweckungen wurden Erinnerungen an einen lebhaften Traum konstatiert.

FOULKES (1978), der in seiner Studie jeglichen mentalen Vorgang als Traum definierte, erzielte einen viel höheren prozentuellen Anteil an Träumen aus NonREMweckungen. DEMENT und KLEITMAN hatten nur „zusammenhängende, einigermaßen detaillierte Berichte" als Traumberichte gelten lassen.

Dennoch läßt sich unter Berücksichtigung aller Studien zu diesem Thema feststellen, daß REMträume, was die Sinneswahrnehmungen betrifft, im allgemeinen lebhafter sind als NonREMträume. Diese werden im Vergleich zu Vorgängen während der REMperioden eher selten erinnert, mehr als Denk- denn als Träumvorgänge, weniger lebhaft und weniger visuell erlebt.

Zur Veranschaulichung möchte ich einen Bericht aus einer NonREM- und aus einer REMphase derselben Versuchsperson anführen:

NonREM: „Ich hatte davon geträumt, mich für eine Art Prüfung vorzubereiten. Es war ein sehr kurzer Traum."

REM: „Ich habe von Prüfungen geträumt. Zu Beginn des Traumes hatte ich die Prüfung gerade beendet und draußen war es sehr sonnig. Ich gehe dann mit einem jungen Mann spazieren. Dann kam so etwas, so etwas wie eine Unterbrechung, und jemand erwähnte, was für eine Note er auf eine Prüfung bekommen hatte. Ich fragte, ob die Ergebnisse schon bekannt gegeben worden sind, was man bejahte. Ich hatte meines nicht erfahren, weil ich für einen Tag weggewesen bin." (Aus „Interrelatedness of Mental Activity During Sleep" in Archives of General Psychiatry, 9: S. 536–537, 1963.)

Zwei von einander unabhängige Beurteiler konnten mit großer Übereinstimmung feststellen, welche Berichte aus einer REM- und welche aus einer NonREMphase stammten (DEMENT 1972, S. 45).

Autoren wie ROFFWAG et al. (1966) oder SNYDER (1966) haben einige Überlegungen darüber angestellt, wozu uns der Schlaf eigentlich nutze sei. Eine oft angewendete Untersuchungsmethode, um sich dieser Frage zu nähern, stellt die Deprivation von Schlaf allgemein bzw. REMschlaf im speziellen dar.

4.1.2.2 Folgen der Schlafdeprivation

Ein Weg zur Erforschung der Funktion von NonREMschlaf ist der totale Schlafentzug (total sleep deprivation – „TS"). WEBB (1971; 1975, S. 119–127ff.), der eine bemerkenswerte Übersicht über die Literatur zur TS (total sleep deprivation) zusammengestellt hat, kam in seiner Studie zu dem Schluß, "... the effect of sleep daprivation is to make the subject fall asleep." (Üs. d. Verf.: ... die Wirkung von Schlafdeprivation ist es, die Versuchsperson schläfrig zu machen.) Dieses Statement scheint sehr treffend, denn im großen und ganzen lassen sich durch Schlafentzug keine eindeutig schädigenden Effekte feststellen. Es ist ja auch bekannt, daß manche Menschen mit nur einer Stunde Schlaf pro Nacht auskommen. Dennoch kann Schlafentzug bei Leuten mit Prädispositionen psychotisches Verhalten auslösen. Zu hoffen ist, daß sich eine derartige Disponiertheit vor einem Experiment eindeutig feststellen läßt. Von Eigenexperimenten ist jedenfalls abzuraten. Allgemein wird berichtet, daß Schlafentzug Faktoren wie Konzentrationsfähigkeit und Reaktionsgeschwindigkeit beeinträchtigt und vielleicht auch die Kontrolle über die Triebhaftigkeit einschränkt.

Wenn man Schlaf einzieht, kann man beobachten, daß der Schlafdruck, also das Bedürfnis zu schlafen immer größer wird. Emotionale Abgestumpftheit tritt ein. Es kann zu Vorstellungen, Sinnestäuschungen und Wahnerscheinungen kommen. Man kann die Umwelt nicht mehr gut wahrnehmen. Die Aufmerksamkeit und die Gedanken sind gehemmt, es kommt zu Mikroschlafepisoden.

Eines der längsten Schlafdeprivationsexperimente mit 264 Stunden dokumentierten GULEVICH et al. (1966). Die Versuchperson „funktionierte“ weiterhin, gab aber an, sich „dumpf“ zu fühlen. Einige Studien deuten darauf hin, daß insbesondere die Deprivation von Stadium 4 zu Lethargie und Depression führt. KRAMER (1976) meinte dazu, daß Schlaf stimmungsregulierende Aufgaben erfülle. Weitere Untersuchungen zeigen, daß physische Anstrengung tagsüber die nächtliche SWS-zeit (slow save sleep / Non REMschlaf) erhöht, und zwar bei Mensch und Tier. Dieselbe Auswirkung wird nach sexueller Betätigung der männlichen Ratte festgestellt. OSWALD (1972) und MacFAYDEN et al. (1973) haben beobachtet, daß auch Hunger einen Anstieg der SWS verursacht.

Eine der ersten dramatischen Entdeckungen auf dem Gebiet des Schlafes wurde von Michel JOUVET gemacht. Er hat herausgefunden, daß ein winziger Impuls an einer bestimmten Stelle des Katzenhirns eine REMperiode auslösen kann. Nach einer Unterbrechung des REMschlafes war es aber nicht mehr möglich, denselben innerhalb von 20 Minuten zu induzieren. Beim Menschen konnte nachgewiesen werden, daß nach einer REMschlaf-Unterbrechung von mehr als 5 Minuten, REM-schlaf erst wieder nach 30 Minuten auftreten wird (95 %). Nach 80 Minuten tritt REMschlaf sicher wieder auf. Deshalb kommt es auch nur ganz selten vor, daß bei einem Erwachsenen ein NonREMintervall länger als 100 Minuten dauert.

Das klassische REMdeprivationsexperiment wurde von DEMENT 1960 durchgeführt worden: nachdem die Versuchspersonen in fünf aufeinander-folgenden Nächten jeweils zu REMonset aufgeweckt worden waren, stieg nicht nur die gesamte REMzeit beträchtlich, sondern REMperioden setzten auch öfter an. Dies wurde von DEMENT „Rebound"- Effekt genannt. Die Kontrollgruppe, die in NonREMonset geweckt worden war, zeigte keinerlei kompensatorische Effekte. Diese Ergebnisse sind oft repliziert worden. DEMENT führte weiters aus, daß REMdeprivation im Wachzustand Ängstlichkeit, Reizbarkeit, gesteigerten Appetit und Konzentrationsschwierigkeiten zur Folge hat. Studien im Anschluß daran (SAMPSON, 1966; CLEMENS und DEMENT, 1967) ergaben jedoch keine zwingenden Resultate. VOGEL (1975) berichtete über REMdeprivation für den Zeitraum von 25 Tagen bei einer depressiven Patientin: ihr Zustand verbesserte sich merklich! Schlafentzug wird bekanntlich bei Depressiven mitunter als therapeutische Maßnahme eingesetzt, da Depressive oft „überschlafen".

Eine Erweiterung der Schlafdeprivationsmethode wendeten GREENBERG et al. (1972) an: Sie zeigten Versuchspersonen denselben streßerzeugenden Film am Abend und am nächsten Morgen. Einigen Versuchspersonen wurde der REMschlaf entzogen, andere wurden gleich oft geweckt, allerdings aus NonREMperioden, und einige schliefen durch. Die Personen, denen REMschlaf entzogen worden war, antworteten mit signifikant höherer Angst auf die zweite Vorgabe des Films als alle anderen Gruppen. Daraus schließen die Autoren, daß REMschlaf bei der Anpassung an Angst erzeugende Stimulation erforderlich ist.

Eine verwandte Studie führten GRIESER et al. (1972) durch. Personen, denen REMschlaf nicht entzogen worden war, konnten sich im Wachzustand besser an furchterregendes, verbales Material erinnern als solche, denen REMschlaf entzogen worden war. Eine andere nennenswerte Studie, bildet jene von BARKER (1972): Studenten wurde unmittelbar vor und nach einer kurzen Schlafperiode ein visueller Gedächtnistest vorgegeben. Die Nachtestung der Personen, die REMschlaf schliefen, fiel bedeutend besser aus, als die derjenigen, die das Nickerchen in NonREMschlaf verbracht hatten.

ZIMMERMANN et al. veranlaßten 1970 Versuchspersonen dazu, eine Umkehrbrille zu tragen. Während der Anfangsperiode der Anpassung, die dem Organismus offensichtlich das größte Ausmaß an Umstellungsleistung abverlangte, wurde ein Anstieg des REMschlafes verzeichnet. Nach der Umstellung pendelte sich der REMschlaf wieder auf ein normales Ausmaß ein.

GREENBERG et al. bemerkten 1972 einen signifikanten Zusammenhang zwischen traumatischen Erlebnissen und dem Ansteigen von REMschlaf. CARTWRIGHT (1974) postulierte, daß REMschlaf bei der Konsolidierung des Gedächtnisses und beim Problemlösen eine Rolle spielt, insbesondere, wenn es sich um persönlich gefärbtes Material handelt. Die Autorin vertritt die Ansicht, daß REMschlaf den Versuchpersonen dazu verhelfen soll, die Realität besser zu „verkraften". Auch im Tierversuch konnte wiederholt gezeigt werden, daß REMschlaf mit der Konsolidierung von Neuerlerntem eng verbunden ist (GREENBERG et al., 1969; FISHBEIN et al., 1974; McGINTHY, 1969; SMITH et al., 1974).

Fügt man die Ergebnisse zusammen, liegt der Schluß nahe, daß das Träumen in jeder REMperiode auftritt, daß aber üblicherweise fast alles vergessen wird; wofür ja schon eine biochemische Erklärung angeführt wurde. Dennoch ist unklar, ob man innerhalb einer REMperiode nur einen Traum hat oder ob das Träumen mit einem anderen physiologischen Parameter korreliert. Leider muß man sich mit Unklarheiten wie diesen zufrieden geben, beschäftigt man sich mit einem so vielschichtigen und ungreifbaren Thema. Weitere Untersuchungen deuten darauf hin, daß REMschlaf bei der Adaptation von Streß und bei der Gedächtniskonsolidierung von existentiellem bzw. lebensnotwendigem Material behilflich ist. So haben z. B. GREENBERG und DEWAN (1969) festgestellt, daß aphasische Patienten, die das Sprechen wieder erlernten, einen höheren REManteil in ihrem Schlafmuster aufwiesen, als jene, die sich nicht wieder um ihre Sprachfähigkeit bemühten. Eine weitere Beobachtung, die auch in diese Richtung deutet, besteht darin, daß schwer retardierte Erwachsene und Kinder einen niedrigeren REManteil im Schlaf sowie einen verspäteten REMonset haben und weniger Augenbewegungen aufweisen. In dieser Studie weisen außerdem jene die geringste Anzahl an REMaktivität auf, die auch die niedrigsten Werte im IQ-Test erreichen (FEINBERG, 1968; FEINBERG et al., 1969; CASTALDO, 1969).

Es liegen einige Befunde vor, die nach Experimenten im Labor erhoben wurden und auch einige Konsistenz aufweisen. Danach ist eine gewisse Beziehung zwischen REMschlaf und Träumen plausibel. So wurde etwa postuliert, daß die REMzeit in etwa der Länge der Traumzeit entsprechen dürfte. Das Erleben von Zeit während des Träumens hat schon zu vielen Spekulationen Anlaß gegeben, sicherlich nicht zuletzt deshalb, weil durch das Erwachen, also die Grenzüberschreitung zwischen Schlaf-und Wachstadium, zumindest die Zeitwahrnehmung irritiert sein dürfte.

Ein Beitrag zur letzteren Fragestellung wurde im Labor von DEMENT und KLEITMAN 1957 geleistet. Es wurde die objektive Länge der Dauer einer REMperiode mit der Anzahl der Worte des dazugehörigen Traumberichtes korreliert und ein positives Ergebnis erzielt. Allerdings ist bei dieser Untersuchung aufgefallen, daß die Anzahl der Worte innerhalb eines Traumberichtes nicht mehr erheblich differiert, wenn die dazugehörende REMperiode zwischen 30 und 50 Minuten dauert. Das brachte die Autoren zu der Annahme, daß die Erinnerung an den Traum nur etwa 15 Minuten anhalten kann.

DEMENT und WOLPERT haben 1958 während eines Traumes externe Stimuli dargeboten und festgestellt, daß die Länge des Traumes zwischen der transformierten Erscheinung des Stimulus und dem Aufwachen ungefähr dem korrespondierenden elektrophysiologischen Abschnitt entsprach.

Dieselben Autoren konnten auch zeigen, daß aktive REMphasen, das sind REMphasen mit einer hohen Anzahl an Augenbewegungen, gewöhnlich mit einem „aktiven" Trauminhalt verbunden sind, während relativ ruhige REMperioden, die wenig Augenbewegungen beinhalten, bei eher „passiven" Trauminhalten registriert wurden.

Sowohl bei den Arbeiten von Stephen LaBERGE als auch bei meinen eigenen Forschungen, wurden die Versuchsperson instruiert, daß sie, hatten sie einmal den Zustand des Klarträumens, dies mittels Augensignal dem Versuchsleiter wissen lasse und im Abstand von einer Minute weiter signalisiere, daß sie sich immer noch im Zustand des luziden Träumens befinde. Ohne ein Ergebnis aus dem experimentellen Teil dieser Arbeit vorwegnehmen zu wollen, sei hier gesagt, daß sowohl LaBERGEs als auch meine Versuchspersonen ziemlich präzise minütlich ihren Zustand signalisiert haben.

Eine detaillierte Analyse über die Beziehung zwischen REMphasen und bestimmten Trauminhalten liegt von ROFFWARG et al. (1962) vor. In dieser Studie weckte ein Versuchsleiter die Versuchsperson sofort nach dem Auftreten eines bestimmten Augenbewegungsmusters. Der zweite Versuchsleiter nahm den detaillierten Trauminhaltsbericht derselben Versuchsperson auf und hatte daraus zu schließen, welches

Augenbewegungsmuster dem Bericht vorausgegangen war. Hatte z. B. eine Versuchsperson berichtet, daß sie sich fünf oder sechs Stufen hinaufbewegt hatte und dabei zu jeder Stufe hinaufschauen mußte, schloß der zweite Versuchsleiter, wie sich herausstellen sollte, korrekter Weise daraus, daß das EOG dieser Versuchsperson eine Serie von fünf vertikalen Augenbewegungen zeigen würde. Hatte der zweite Versuchsleiter seine Einschätzung als „gut“ eingestuft, korrespondierten in 80 % der Fälle seine Einschätzungen mit den tatsächlichen Augenbewegungen. Aus diesem Bericht entwickelte sich die „Scanning“-Hypothese, die besagt, daß die Augen die Traumszene wie etwa einen Film verfolgen, so daß der Träumer den Trauminhalt mit den Augen gewissermaßen „abtastet“.

Üblicherweise vergißt man den Großteil der nächtlichen „Abenteuer“, nämlich etwa 90 %. Hinweise, ob sich die Fähigkeit, an Träume zu erinnern, steigern läßt, finden sich bei SHAPIRO et al. 1965; LEWIS et al. 1966; GOODENOUGH et al. 1974.

Einer der wichtigsten Faktoren dafür ist wohl die Motivation: Wer will erinnert sich an Träume. Psychotherapeuten wissen, daß sich der Klient an mehr Träume erinnert und diese erzählt, sobald die therapeutische Beziehung hergestellt ist.

Sicherlich spielt auch FREUDS „Verdrängung“, eine wesentliche Rolle dafür, was man sich merkt und was man „vergißt“.

COHEN (1974) führte als einflußnehmende Faktoren weiters Positionseffekte, wie ersten oder letzten Traum, Auffälligkeit und Interferenz an.

Er glaubt, daß solche Träume als auffälliger empfunden werden, die von einem hohen autonomen Arousal begleitet werden, wie z. B. unregelmäßiger Atmung, besondere Dichte der Augenbewegungen, eine Erregung der Geschlechtsorgane und andere phasischen Ereignisse, aber auch wenn der Trauminhalt imaginativer, lebhafter und interessanter erlebt wurde und der Träumer selbst hochgradig ins Traumgeschehen miteingebunden war. FISS et al. (1974) stellten fest, daß aktive Träume signifikanter, d. h. für den Träumer bedeutungsvoller sind.

Weiters dürfte wohl die Motivation des Träumers wesentlich sein, ob und wieviel Sinn er seinen Träumen zuschreibt. Außerdem haben sicher auch soziale Umstände ein beträchtliches Ausmaß an Einflußnahme.

Ein weiteres Kriterium für die Erinnerung an Träume scheint die Persönlichkeit des Träumers zu sein. So werden gute Erinnerer im

Gegensatz zu schlechten Erinnerern als ängstlicher (TART 1962), feldabhängiger (SCHONBAR 1965), mehr nach Innen bezogen und selbstwahrnehmender (COHEN 1974) und als leichtere Schläfer (ZIMMERMANN 1970) eingeschätzt.

Nach meiner eigenen Erfahrung ist die Erinnerung an Träume auch phasenabhängig bzw. rhythmisch-periodisch.

4.2 Hirnphysiologische Grundlagen

Betrachtet man die Physiologie des Schlafes bzw. des Träumens, sollte dies unter Berücksichtigung des Wach-Schlaf-Rhythmus erfolgen. In Abbildung 11 werden jene Hirnzentren dargestellt, von denen angenommen wird, daß sie beim Wechsel von Schlaf und Wachen maßgeblich beteiligt sind:

Der Hirnstamm setzt sich von der Wirbelsäule in die Medulla oblongata fort, dem Pons, dem Mesenzephalon und dem Dienzephalon, wobei der Pons und das Mesenzephalon vorrangig beim Wechsel von Schlaf und Wachen miteinbezogen sind. Der Hirnstamm wirkt wie ein Zylinder neuronalen Materials, der die Wirbelsäule mit dem Rest des Gehirns verbindet.

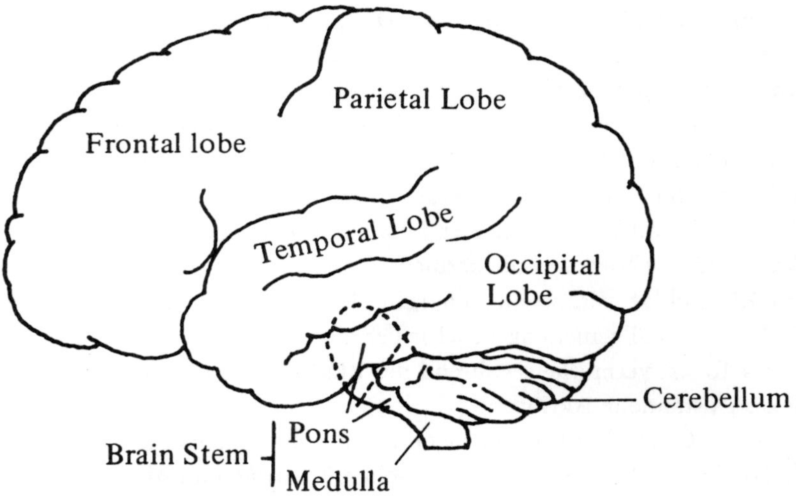

Abb. 11: *Man nimmt an, daß der Schlaf-Wachumschaltmechanismus im Hirnstamm (Brain Stem) entspringt.*

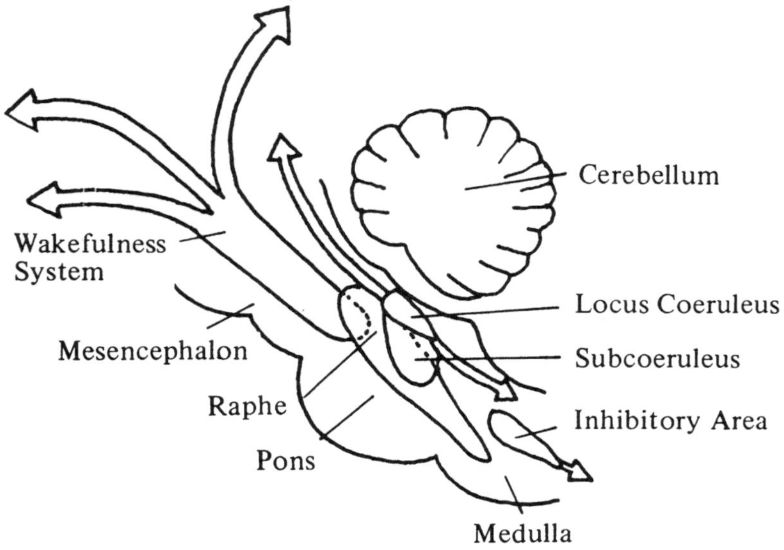

Abb. 12: *Längsschnitt des Hirnstamms.*

Dieser Längsschnitt des Hirnstammes zeigt Zellkörper von Neuronen verschiedener „Kontroll"-systeme. Die „Kontrolle" wird über Axone ausgeübt, die mitunter hunderttausende von anderen Hirnzellen „antreiben". Jene Zellen, die für die Einleitung und Erhaltung des Wachzustandes zuständig zu sein scheinen, dürften sich größtenteils im Mesenzephalon befinden; jene, die den NonREMschlaf steuern, werden in den Nuclei Raphé, hauptsächlich aber im Pons und im posterioren Mesenzephalon lokalisiert. Der Nucleus Locus coeruleus „der blaue Platz" und der Nucleus Subcoeruleus dürften für das Zustandekommen von REMschlaf verantwortlich sein. Das inhibitorische Gebiet der Medulla wird allgemein als das Tor der motorischen Inhibition gedacht. Dieses Tor ist vermutlich während des REMschlafes und während kataplexer Zustände in Aktion.

Dieser Querschnitt des Hirnstamms auf dem Niveau des Pons zeigt die Nuclei Raphé oder serotonergischen Neuronen auf der Mittellinie des Hirnstamms. Die Kerne des Locus coeruleus liegen eher lateral, wie die Neuronen des Mesenzephalon, die für das Aufdrehen des Wachzustandes zuständig sein sollen.

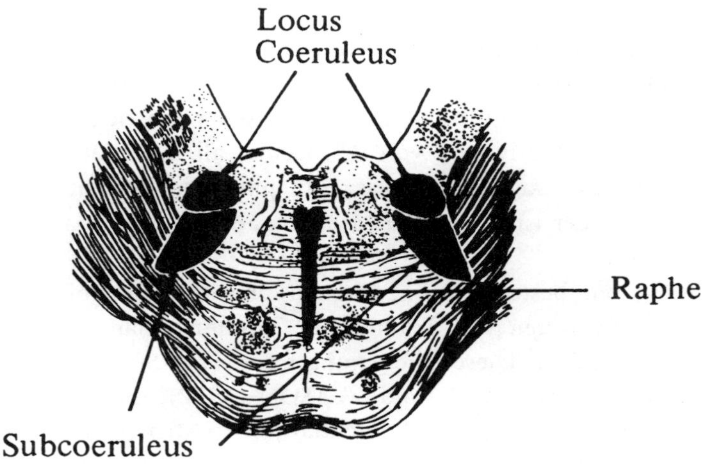

Abb. 13: *Der Locus coeruleus als REMschlafzentrum?*

Gesicherte Aussagen über die Funktion von Hirngebieten sind generell schwierig und für ein so unzugängliches Gebiet wie das des Hirnstammes nahezu unmöglich. Diese Aussagen müssen deshalb nach wie vor als Hypothesen gesehen werden, obwohl sie sich auf Ergebnisse experimenteller Arbeiten im Labor stützen.

4.2.1 PGO

Schlaf wird auch in tonische und phasische Teile unterschieden. Die tonische Ausprägung ist kontinuierlich und gleichsam die stabile Basis (z. B. EEGmuster), auf der sich Ausbrüche spontaner physiologischer Aktivität zeigen, die wir als phasische Ereignisse (z. B. Muskelzuckungen) bezeichnen.

Eine andere phasische Ausprägung ist die PGO (pontine-geniculo-occipital spike, Üs. d. Verf.: pontin-genikular-occipitale Spitze), die bei Katzen direkt beobachtet worden ist. PGO spikes sind auffällige Ausbrüche kurzer, monophasischer Wellen mit hoher Amplitude, die, sich vom Pons über den Nucleus geniculatum zum occipitalen Kortex sich fortsetzend, aufgezeichnet werden können. Sie hängen zeitlich mit fast allen anderen phasischen Aktivitäten zusammen, gehen den REMperioden im Abstand von 10–30 Sekunden voraus und zeigen ihre höchste Entladung während des REMschlafes. 15 % treten aber auch im NonREMschlaf auf.

Einiges deutet darauf hin, daß die PGO die Aktivität eines zentralen Regulationsmechanismus widerspiegeln. Diese Annahme wird auch dadurch unterstützt, daß die Deprivation von PGO bei Katzen zu größeren REMrebounds (kompensatorischer Anstieg der REMzeit) führt als die Deprivation von REMschlaf alleine (FERGUSON et al., 1968). Es gibt sogar die These, daß phasische Aktivität biologisch lebenswichtiger ist als das REMschlafstadium selbst, das diese quasi beherbergt.

Außerdem besteht die Theorie, daß phasische Ereignisse auch eher mit dem Auftreten von Träumen in Zusammenhang stehen als der REMschlaf selbst. Diese Überlegung basiert auf Studien von RECHTSCHAFFEN et al. (1972) und WATSON (1972), die zeigen, daß PIP (periorbital phasic integrated potentials) beim Menschen mit traumartiger geistiger Tätigkeit korrelieren, unabhängig davon, ob sie von REM begleitet werden oder nicht. Allerdings ist es bislang eine, wenn auch plausible Annahme geblieben, daß PIP beim Menschen das messen, was wir bei der Katze als PGO beobachten. Wir wissen aber, daß Träume oder ähnliche Vorgänge auch in NonREMphasen stattfinden.

Ein weiterer Grund für das hohe Interesse an diesem Spike besteht darin, daß man hoffte, durch sie der Lösung des Rätsels Geisteskrankheiten einen Schritt näher zu kommen, im besonderen dem der Schizophrenie. WATSON et al. (1976) konnten einen engen Zusammenhang zwischen dem Auftreten schwerer Schizophreniesymptomatik und der Häufigkeit der NonREMPIP nachweisen. Als Erklärung wird angenommen, daß phasische Entladungen bei „Normalen" an den REMschlaf gebunden sind. Das psychologische Korrelat dieser Entladungen würde das Träumen darstellen. Bei Psychosen scheinen diese Entladungen sowohl vermehrt auf andere Schlafstadien überzugreifen als auch auf den Wachzustand, wo sie möglicherweise das physiologische Korrelat von Halluzinationen und anderen Täuschungen darstellen könnten.

Einen wesentlichen Beitrag dazu leistete Allan HOBSON. Er konnte nachweisen, daß die biochemische Modulation des Gehirns, auf die ich später noch genauer eingehen werde, über zwei bestimmte neuronale Gruppierungen aus dem Hirnstamm erfolgt und eine davon die entscheidende Quelle der PGOwellen darstellen dürfte.

HOBSON konnte außerdem wesentliches das Cerebellum betreffend feststellen. Bisher wurde diesem Hirnareal die Verantwortlichkeit für motorische Koordination zugeschrieben. Neuere Ergebnisse veranlassen zur Annahme, daß die Hirnleistungen für das mechanische Gedächtnis

(„procedural memory“) dem Cerebellum zuzuschreiben sind. Während des REMschlafes feuern die Neuronen phasisch, abgestimmt und in Beziehung zu den Augenbewegungen.

4.2.2 Gibt es ein REMzentrum? Lassen Neurotransmitter schlafen?

Es stellt sich die Frage, ob sich so etwas wie ein REMzentrum im Gehirn orten läßt. Wie schon erwähnt, ist REMschlaf charakterisiert durch kleine und schnelle Frequenzbänder des EEG, ähnlich dem Wachzustand, schnelle Augenbewegungen, ca. 20 c/sec, und einem völlig herabgesetzten Muskeltonus, der allerdings gelegentlich von Muskelzuckungen unterbrochen wird. Es stellt sich nun die Frage, ob diese Eigenarten des REMschlafes aus ein und derselben Quelle entspringen, oder ob verschiedene Systeme von Nervenzellen beteiligt sind. Laboruntersuchungen an Tieren bei denen Nervenzellen im Pons zerstört worden sind haben ergeben, daß REMschlaf weiterhin aufgetreten, die Muskelspannung dabei aber hoch geblieben ist. Die Tiere zeigten Bewegungsmuster, die auf Aggression oder Angst schließen ließen, sie schienen etwas zu verfolgen und griffen nicht existente Objekte an, – gerade so, als ob sie ihre Träume „ausagierten“. Ähnlich reagieren Menschen, die an der REM Behavior Disorder (REMverhaltensstörung) leiden, oder besser gesagt, ihre Partner leiden machen: Der Träumer scheint seine Träume ebenfalls „auszuagieren“. Auch beim Menschen könnte ein Grund dafür auf physiologischer Ebene bestehen, indem eine Art motorischer Inhibition nicht stattfindet. Vielleicht erleben Tiere auch etwas Ähnliches wie das, was wir Träume nennen.

Die primären schlafregulierenden Gehirnmechanismen haben zweifellos auch eine biochemische Erscheinungsform, die sich auf der biochemischen Ebene hauptsächlich durch das Wirken der biogenen Amine, genauer gesagt dem Serotonin (5-Hydroxytryptamin oder 5-HT) und dem Katecholamin Noradrenalin, bekannt auch als Nor-Epinephrin, zeigt. Beides sind hypnogene Neurotransmitter, die in starker Konzentration in verschiedenen Teilen des Hirnstammes zu finden sind. Es wird angenommen, daß diese beiden Substanzen eine wesentliche Rolle bei der Schlafregulation spielen, allerdings weiß man aufgrund ihres komplexen Auftretens noch nicht genau, auf welche Weise. Eine mögliche Erklärung wäre JOUVETS Theorie (1973, 1974), die „Monoamine theory of sleep-waking behavior“. Diese geht davon aus, daß Serotonin beinhaltende Nuclei eine dominierende Rolle in der Regulation von NonREMschlaf spielen, während andererseits noradrenerge Systeme hauptsächlich an der Kontrolle von REMschlaf beteiligt sind.

Nach JOUVET scheinen also serotoninenthaltende Nervenzellen NonREMschlafepisoden zu triggern, während Systeme, die Azetylcholin und Noradrenalin beinhalten, für die Induktion und Aufrechterhaltung bzw. Beendigung von REMschlaf verantwortlich sind.

Der NonREMschlaf wird von einer Ansammlung von Zellen im Hirnstamm, dem Nucleus Raphé, kontrolliert. Dieser beinhaltet eine hohe Konzentration von Serotonin beinhaltet, welches beim Einschlafen die Augenbewegungen und die schnellen EEGwellen, nicht aber die Muskelspannung blockiert. Die motorischen Neuronen werden durch eine bestimmte Gruppe von Neuronen im unteren Bulbar der Formatio Reticularis inhibiert, wobei auch gleichzeitig etwaige Inputs präsynaptisch aktiv unterdrückt werden. Wir verdanken dieses Wissen PAMPIANO vom Neurophysiologischen Institut Pisa. Der Nucleus Raphé befindet sich in der Nähe der Mittellinie des Hirnstamms. Bei Tieren führt die Läsion des Nucles raphé zu totaler Schlaflosigkeit. Vollständige Schlaflosigkeit konnte bei Tieren auch durch das Injizieren einer chemischen Substanz, die Serotoninsynthese inhibiert (PCPA oder Parachlorophenylalanin), herbeigeführt werden.

Wird die Serotoninsynthese aber forciert, z. B. durch das Injizieren von 5-HTP (Hydroxydtryptophan), wird Schlaf induziert. Die Synthese von Serotonin geht in zwei Schritten vor sich. Tryptophan, eine Aminosäure, die in normaler Nahrung enthalten ist, wird durch das Enzym Tryptophan-Hydroxylase in 5-Hydroxytryptophan, einen unmittelbaren Vorgänger des Serotonin, verwandelt. Es ist möglich, diesen Vorgang durch die Verabreichung von Parachlorophenylalanine (PCPA) zu inhibieren. Im Labor konnte gezeigt werden, daß PCPA bei Tieren die Serotoninsynthese inhibiert und so die Aktivierung von serotoninbeinhaltenden Nervenzellen blockiert. JOUVET und KOELLA (in JOUVET et al., 1972) konnte experimentell beweisen, daß durch das Injizieren von PCPA bei Tieren Schlaflosigkeit verlängert werden konnte. Erhielten die Tiere 5-Hydroxytryptophan verabreicht, konnten die Nervenzellen kurzzeitig wieder Serotonin synthetisieren. Auch wenn PCPA-behandelten Tieren 5-Hydroxytryptophan injiziert wurde konnte der Schlaf wiederum in kurzer Zeit herbeigeführt werden.

JOUVET und KOELLA (in JOUVET et al., 1972) haben also nachgewiesen, daß Serotonin eine wichtige Rolle in der Regulation des Schlafverhaltens spielt. Diese Tatsache führte zu der Annahme, daß ein serotoninproduzierende Neurotransmitter, wie Tryptophan, Schlaflosigkeit entgegenwirkt. Leider brachten diesbezügliche Untersuchungen enttäuschende Ergebnisse. Nichtsdestoweniger berücksichtigt die Monoaminetheorie den Einfluß von Transmittern wie Dopamin, Noradrenalin und Azetylcholin. Zusammenfassend läßt sich demnach festhalten, daß die Regulation des Schlafes ein Balanceakt verschiedener Neurotransmittersysteme zu sein scheint.

Die Nuclei des Locus Coeruleus, die ebenfalls im Hirnstamm lokalisiert werden, regulieren den REMschlaf. Diese Zellen beinhalten Noradrenalin, das, wird es freigesetzt, den Serotoninmechanismus verdrängt und so die Blockade der Augenbewegungen und die der schnellen Hirnwellen aufhebt. Gleichzeitig bringt es aber das motorische System des Körpers zur Ruhe, indem es die Muskelspannung inhibiert. Läsionen der Neuronen im Locus Coeruleus verhindern REMschlaf und führen zu hyperaktivem Verhalten, als ob das Tier einen Traum ausagiere oder auf Halluzinationen reagiere. Die Unterdrückung des REMschlafes kann auch durch die Injizierung von AMPT (Alpha-Methylparathyrosin) verursacht werden, einer Substanz, die sonst die Noradrenalinsynthese inhibiert. REMschlaf läßt sich aber auch durch die Injizierung von Dopa induzieren.

Das Zusammen- bzw. Gegenspiel dieser Substanzen ist sehr komplex wird näher bei HOBSON et al. (1986) beschrieben.

HOBSON und McCARLEY haben sich näher mit dem Neurotransmitter Azetylcholin beschäftigt, indem sie direkt kleine Mengen von Carbachol in die in den Pons implantierten Kanülen injizierten. Carbachol imitiert den Effekt von Azetylcholin, hat aber eine etwas längere Wirkungsdauer. So war es möglich, eine wache Katze innerhalb von nur zwei Minuten in eine träumende zu verwandeln und sie in diesem Zustand über vier Stunden zu halten. Durch Markierung von Carbachol wird es uns bald möglich sein, die Neuronalen Netze, die zur Induktion des Traumes nötig sind, zu orten. Die beiden Autoren führen nun das Auftreten von REMschlaf auf die Interaktion zweier Zellgruppen zurück: jene, die Azetylcholin, und jene, die Noradrenalin und Serotonin beinhalten. Sie nennen dieses Modell das „Reciprocal-Interaction-Model" (Üs. d. Verf.: Reziprokes-Interaktionsmodell). Die Neuronen, die an diesem Prozeß als Oszillator beteiligt sind, entstammen dem Locus coeruleus, dem dorsalen Nucleus Raphé und dem cholinergen peribrachialen Komplex. Alle anderen Neuronen folgen, soweit sie überhaupt beteiligt sind, diesem Oszillator im Hirnstamm. GILLIN und

SITARAM haben diesbezügliche Untersuchungen am Menschen durchgeführt. Die Injektionen waren allerdings am Arm plaziert. Wurde den Versuchspersonen Arecholin, eine Substanz mit ähnlichem Effekt wie Azetylcholin, kurz nach dem Einschlafen verabreicht, trat REMschlaf besonders bei Depressiven sehr früh auf. Wurde Scopolamin, das den Effekt von Azetylcholin im Gehirn blockiert, injiziert, hat sich REMonset erheblich verzögert.

Die folgende Abbildung zeigt die „reciprocal interaction“: Die anatomisch reziproken Verbindungen und die reziproken Aktivitätskurven der exzitatorischen REM-on (hier: „giant cells“) und inhibitorischen REM-off-Zellen (hier: Locus-coeruleus-Zellen) sollen also die physische Basis des Schlaf-Wach-Mechanismus darstellen. Solange das Niveau der aminergen Zellen hoch ist, bleibt man wach. Fallen sie ab, gleitet man in den NonREMschlaf. Beim Erreichen ihres Tiefpunkts verschwindet ihre inhibitorische Wirkung völlig, die REM-on-Zellen entfalten höchste Aktivität und leiten damit die REMperiode ein.

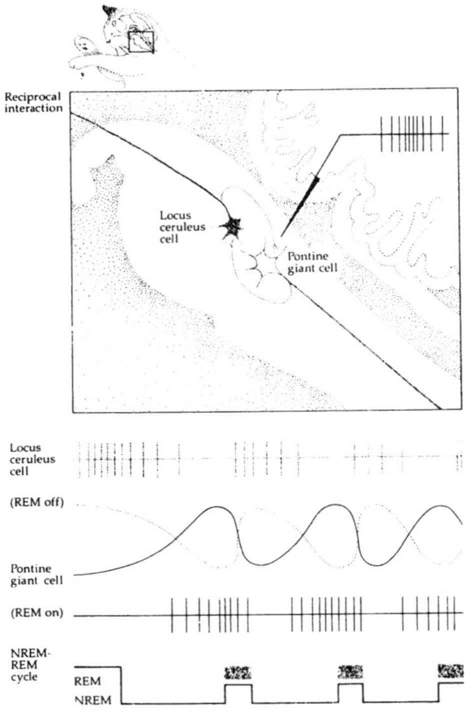

Abb. 14: *Das „Reciprocal Interaction Model“.*

Die Weiterführung des „Reciprocal Interaction Models“ und zur Zeit umfassendste Theorie zur Entstehung von REMschlaf stellt die von denselben Autoren erarbeitete „Activation-Synthesis-Hypothesis“ (Üs. d. Verf.: Aktivierungs-Synthese-Hypothese) dar. Sie basiert auf der Überlegung, daß es im Gehirn so etwas wie einen periodischen Oszillator geben muß, der u. a. auch für den REMschlaf verantwortlich ist. Im Tierversuch hatte sich als wahrscheinlicher Locus dieses Oszillators der pontine Hirnstamm ergeben (JOUVET). Ursprünglich hatte HOBSON angenommen daß die Nervenzellen der pontinen Formatio Reticularis cholinerg wären. Diese Annahme hatte sich aber als falsch erwiesen, sie sind vielmehr cholinrezeptiv. Die cholinergen Nervenzellen beschränken sich auf zwei bestimmte Nuclei, wobei beide nicht in den Kortex, sondern in das basale Vorderhirn, das Lymbische System und in den Thalamus projizieren. Die cholinerge Modulation aus dem Hirnstamm vollzieht sich also über zwei spezifische neuronale Gruppen, eine davon ist die Quelle der PGOwellen. Bei Abwesenheit von Azetylcholin feuert ein Neuron als Antwort auf einen Stimulus in zwei Spikes, ist aber Azetylcholin vorhanden ist, ist das Neuron beträchtlich mehr erregt. Dies scheint mir sowohl eine Konsequenz von aminerger Demodulation als auch eines cholinergen Input, sodaß das gesamte System selbstregulierend arbeiten kann. Das System reguliert wahrscheinlich seine Erregbarkeit selbst. Somit dürften exzessive Entladungen im Wachzustand vermieden werden, die sich sonst in pathologischen Ausformungen wie etwa Epilepsie finden.

Die Neuronen, die cholinerg sind, verhalten sich nun im REMschlaf auf sehr spezifische Art und Weise. Sie feuern nicht in intensiven Clustern, wie es die pontine Formatio Reticularis tut, sondern in sehr strengen Entladungen. Werden diese Signale in akustische Signale verwandelt, läßt sich in etwa ein Vogelgezwitscher vernehmen. Jedes dieser Signale erfolgt knapp vor einer Augenbewegung. Das cholinerge Neuron feuert aus dem Hirnstamm, bevor die Augenbewegung stattgefunden hat!

Das bedeutet also, daß der Thalamus über das cholinerge System Information über die Richtung der Augenbewegung erhält, noch bevor das Auge sich bewegt hat! Das Gehirn hat also sein eigenes internes Signalsystem. HELMHOLTZ hat schon 1863 darauf hingewiesen, daß wir ohne einen Regulationsmechanismus dieser Art nicht in der Lage wären, etwas wahrzunehmen! Schlafen und Wachen unterscheidet sich also phänomenologisch lediglich durch den Herkunftsort der Daten: Im

Wachen nehmen wir wahr und verarbeiten externe Stimuli, während wir im Schlaf die tagsüber aufgenommenen, nun internen Daten weiterverarbeiten und „verdauen" dürften.

HOBSON und McCARLEY beschäftigten sich insbesondere mit den zellulären und molekularen Eigenschaften jenes Prozesses, die der REMschlaf generiert. Die beiden Forscher implantierten Elektroden in die Gehirne von Katzen in der Region der pontinen Formatio Reticularis, um die Aktivität während des gesamten Schlafzyklus aufzuzeichnen. Im REMschlaf wurden, wie erwartet, Aktionspotentiale registriert, eine Art epileptischer Bündel von Entladungen, die die vermutete intensive Aktivität in dieser Region bestätigte. Nach langer Suche wurden schließlich zwei Entladungsmuster im Hirnstamm gefunden: sogenannte REMonzellen, deren Aktivität sich vornehmlich im REMschlaf vollzieht, und sogenannte REMoffzellen, die tonisch auch während des Wachzustandes feuern, deren Aktivität sich paradoxerweise aber im Slowwaveschlaf verringert und im REMschlaf fast einstellt. Dieses Push-Pull-Modell ist eine genauere Beschreibung des vorher erwähnten. Weiters vermuteten die beiden Wissenschaftler, daß mit diesem Vorgang auch chemisches Geschehen verbunden ist, das die Zeitkonstante dieses Oszillators bestimmt. Sie gingen also von der Annahme aus, daß die REMonzellen cholinerg bzw. cholinrezeptiv sind und durch Azethylcholin entweder erregend oder anregend wirken, während REMoffzellen noradrenerg eingestuft und durch Nor-Ephinephrin und Serotonin inhibiert werden. Diese Theorie würde die hohe Hirnaktiviertheit physiologisch-chemisch erklären. Das cholinerge System ist wirksam, was allerdings durch die Verminderung des Inputs des antagonistischen Systems zustandekommt.

Zusammenfassend kann also gesagt werden, daß es sich beim REM-schlaf um einen cholinergen Zustand handelt, während Wachheit aminerg dominiert sein dürfte. Diese Theorie könnte auch erklären, warum ein so hoch aktiviertes Gehirn im Traum erlebte Inhalte leicht vergißt. Es befindet sich abseits von jenem Balancezustand der Chemie, der Erinnerungsleistungen am förderlichsten ist! Die beiden Wissenschaftler zogen aus diesen Ergebnissen den Schluß, daß in beiden hoch aktivierten Zuständen, Wachen und REMschlaf, Information verarbeitet wird, allerdings auf unterschiedliche Art und Weise.

DEMIN und RUBINSKAYA erkannten 1974, daß kurze REMdeprivation den Proteinlevel in den zerebralen Neuronen senkt. Weiters wurde festgestellt, daß die Proteinsynthese im Gehirn im „SWS" (Slow Wave

Sleep = Deltaschlaf) fällt und während des REMschlafes steigt, was auf Verarbeitung im Bereich des motorischen Systems hindeuten könnte.

ADAM und OSWALD (1977) führten an, daß die Proteinsynthese ihr Maximum während des REMschlafes aufweist. Dies brachte die Autoren zu der Vermutung, daß REMschlaf eng mit dem generellen Stoffwechsel im Körper verbunden ist.

Bereits Freud hat ja die Frage erhoben, was wohl die Quelle für unsere nächtlichen Kreationen sei, und sie global mit „das Unbewußte" beantwortet. Heute halten manche Wissenschaftler den Pons für den Sitz des Unbewußten. HOBSON findet diese Anschauung, insbesondere wenn es sich um REMschlaf handelt, zu vereinfacht. Er meint, daß es sich bei den Stimuli aus dem Pons um rein zufällige Signale handelt, die in Verbindung mit der „Seh- und Bewegungsmaschinerie" auftreten und mit anderen neuronalen Strukturen im Hirnstamm in Verbindung stehen, speziell mit dem vestibularen Apparat. Dieser Anschauung möchte ich mich in aller Bescheidenheit anschließen: Der Traum als Phänomen ist schon unfaßbar vielschichtig, wie unfaßbar komplex müssen da, der Isomorphieannahme gemäß, die korrespondierenden biochemisch-physiologischen Prozesse sein!

4.3 Kortikale Lokalisationen

In der Hirnforschung ist eine naturwissenschaftliche Annäherung eine wesentliche und faszinierende Methode der Psychologie, nichtsdestoweniger lassen sich Resultate daraus weder als absolut richtig noch als endgültig betrachten, sondern lediglich als Hinweise oder als Puzzlesteine eines sehr komplexen und vielschichtigen Gebäudes.

Es wurden unzählige Versuche unternommen, Hirnleistungen zu lokalisieren. Wohl als eine Art Pionier auf diesem Gebiet gilt PENFIELD (1978). Er nahm Reizungen direkt am Gehirn Kranker vor und evozierte quasi das erinnerte Wiedererleben früherer Situationen. Sogar mit dieser Methode ergaben sich jedoch für die Lokalisation keine einheitlichen Ergebnisse, abgesehen davon, daß eine derartige Methode jeglicher Menschlichkeit und Würde zuwiderläuft. Das Gehirn dürfte wohl komplexer „funktionieren" als wir es uns überhaupt vorstellen können.

Im folgenden möchte ich mich auf einige wenige Arbeiten beschränken, die eventuell ein Licht auf das Phänomen luzides Träumen werfen könnten.

Erklärungen zu Abbildung 15:
A. Systems model: Hier wird versucht, eine schematische Repräsentation jener Hirnprozesse wiederzugeben, die dem Träumen zugrunde liegen. Die Unterbrechung der aminergen Inhibition führt zur Aktivierung der Formatio Reticularis, die wiederum den Kortex „aufdreht" und die Information über die schnellen Augenbewegungen, die sie ja selber generiert, an diesen schickt. Daraus resultiert das Übergewicht der visuellen Wahrnehmung im Traum (siehe Kap. 1.1.1.2).

B. Synaptic model: Wir sehen einige direkt und indirekt desinhibierte neuronale Systeme mit ihren, wie wir annehmen, Beiträgen zum Phänomen des REM-schlafes. Am Niveau des Hirnstamms befinden sich vier Neuronentypen:

***MRF:** (midbrain reticular neurons) Mesenzephalische retikuläre Neuronen, die an den Thalamus projizieren und tonische und phasische elektrische Signale rostral weiterleiten.*
***PGO:** „bursts" (Üs. d. Verf.: Ausbrüche) von Zellen in der peribrachialen Region, die phasische Aktivität und spezifische Informationen über Augenbewegungen zum Geniculatum und zum Kortex weiterleiten (Die Strichlinie deutet Unsicherheiten in bezug auf die direkte Projektion an).*
***PRF:** (pontine reticular-formation neurons) Die Neuronen der pontinen Formatio Reticularis leiten die Signale phasischer Aktivität an die occulomotorischen Neuronen und die Wirbelsäule. Sie generieren die Augenbewegungen, Zuckungen der Extremitäten und die präsynaptische Inhibition.*
***BRF:** (bulbar reticular-formation neurons) Die Neuronen der bulbaren Formation Reticularis schicken tonische hyperpolarisierte Signale an die motorischen Neuronen der Wirbelsäule. Als Folge dieses absteigenden Einflusses sind der sensorische Input und der motorische Output am Niveau der Wirbelsäule blockiert. Am Niveau des Vorderhirns erhalten jedoch die visuellen Assoziationen und die Neuronen des motorischen Kortex Signale über Zeit und phasische Aktivität über die nonspezifischen und spezifischen thalamischen Relays.*
(Übernommen und übersetzt aus: Hobson A.J. und Steriade M.: „Neuronal Basis of Behavioral State Control", in Handbook of Physiology, The Nervous System, IV, ed. Vernon B. Mountcastle [Bethesda: American Physiological Society, 1986], fig. 44, S. 795.).

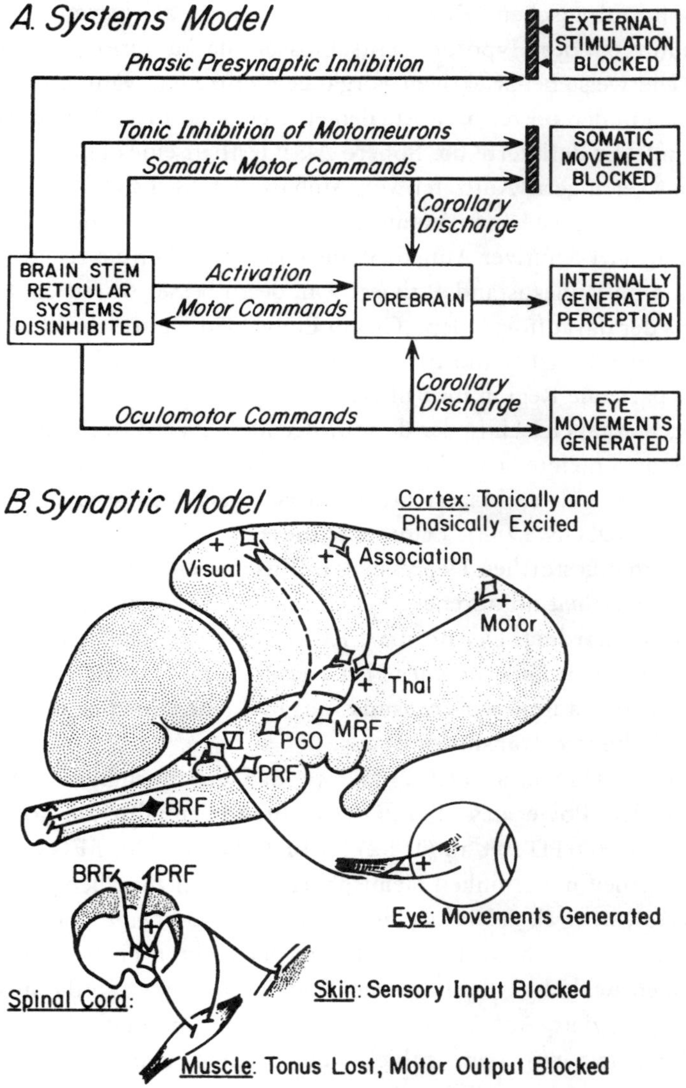

Abb. 14: REMschlaf und Träumen (in HOBSON 1988).

Abb. 15: *REMschlaf und Träumen (nach HOBSON 1988).*

DAVIDSON hat sich 1984 als Ergebnis seiner Studie, die sich um die hirnphysiologischen Korrelate bei kognitiv-affektiven Leistungen bemühte, zu der Hypothese entschlossen, daß anteriore Asymmetrien typischerweise bei affektiven Vorgängen auftreten, während sich Asymmetrien in den posterioren Arealen eher bei kognitiven Leistungen „hervortun". Er definierte die höhere Aktiviertheit eines Hirnrindenareals als das verringerte Auftreten von Alphawellen (8–12 Hz) und behauptete, daß eine posteriore Asymmetrie sich auf die Lösung verbaler und räumlicher kognitiver Aufgaben auswirkt. Je höher die rechte parietale Region im Ruhezustand aktiviert war, desto besser waren die Ergebnisse aus der darauffolgenden „Group Embedded Figures Task", der „Face Recognition Task" und der „Kohs Block Design Task". Je höher die linke parietale Region im Ruhezustand aktiviert war, desto bessere Leistungen ergaben sich in der darauffolgenden „Word Recognition Task". Außerdem meinte er nachweisen zu können, daß Depressive im frontalen Bereich eine rechtsgerichtete Aktiviertheit (weniger Alpha) aufweisen (DAVIDSON 1988). Er brachte dieses Ergebnis mit der vermeintlichen Affektgestörtheit Depressiver in Zusammenhang.

Aktiviertheit noradrenerger Neuronen wird kortikaler Desynchronisation zugeordnet. Der normale REMschlaf zeichnet sich biochemisch durch eine Verminderung des 5HT (serotonerge Transmission) und NA-Spiegels (noradrenerge Transmission) und einen Anstieg des Ach-Spiegels (cholinerge Transmission) aus.

GOLDSTEIN et al. (1972) meinte, daß im „normalen" REMschlaf die mittlere Power des EEG in der rechten Hirnhälfte am höchsten ist, während MOFFITT et al. (1982) im BETAbereich des EEG eine höhere Aktiviertheit in der linken Hemisphäre gefunden zu haben glaubte.

TUCKER et al. (1984) stellte fest, daß noradrenerge und serotonerge Transmission sich am Kortex eher in der rechten Hemisphäre niederschlagen, während dopaminerge Transmission eher an die linke Hirnhälfte projiziert. Außerdem vermutete er, daß übermäßige dopaminerge Aktiviertheit mit dem subjektiven Erleben von Angst korreliert, während eine übermäßige Produktion von serotonergen und noradrenergen Substanzen, die sich eher in der rechten Hirnhälfte niederschlagen, mit subjektiven Zuständen wie etwa Euphorie einhergeht.

Es wurde zusätzlich ein Muster reziproker Inhibition beschrieben: die Aktiviertheit einer Hirnhälfte inhibiere die der anderen Hälfte. Phänomenologisch ist bekannt, daß bei vermehrtem Auftreten von REM sowohl die Anzahl von luziden Träumen als auch die von Alpträumen zunimmt, vermutlich proportional zum REMschlaf. Bei Entzug von REMschlaf kommt es also zum „Rebound“, das heißt, darauffolgende REMperioden gestalten sich länger und werden subjektiv intensiver erlebt. Dieser Effekt tritt auch bei Entzug von Drogen oder Alkohol auf. Dies könnte mit dopaminerger Transmission in Zusammenhang stehen. Im Entzugsstadium häufen sich Alpträume, die in der Literatur mit dem Einhergehen einer erhöhten dopaminergen Transmission im präfrontalen Kortex sowie einer Verringerung des Niveaus noradrenerger Transmission in Zusammenhang gebracht werden.

Rein subjektiv wird sowohl der Alptraum als auch der luzide Traum mit einem erhöhten Aktiviertheitsniveau verbunden: die geträumte Aufregung, die Anteilnahme am Traum wie auch die Intensität der Wahrnehmung generell scheinen erhöht. Auch mir wurden zahlreiche Berichte von spontanen Klarträumen erzählt worden, die aus Alpträumen entstanden. Die plausible Erklärung der Betroffenen ist etwa: „... Da mußte ich einen Ausweg finden, ich mußte entweder aufwachen oder in eine andere Traumszene wechseln! ...“

Es erscheint denkbar, daß beim Auftreten einer kognitiven Leistung im Traum die Produktion von noradrenergen und serotonergen Substanzen angekurbelt wird und, dem Ausgangsaktiviertheitsniveau entsprechend, mit einem angenehmeren, mitunter auch euphorischem Traumerleben korreliert, das den luziden Traum auszuzeichnen scheint. Dies würde im luziden Zustand eine Erhöhung der Aktiviertheit im Vergleich mit anderen Abschnitten von REMperioden vermuten lassen. Die Überlegung, daß beim Feststellen des Zustandes eine jedenfalls teilweise in Sprache formulierte Erkenntnis ausschlaggebend ist, würde also nach DAVIDSON (1988) eine Erhöhung der Aktiviertheit im linken Parietalbereich vermuten lassen.

Ein recht junger Forscher, Michael POSNER, Psychologe an der University of Oregon, hat kürzlich seine Arbeit über Lokalisierungsversuche bei Aufmerksamkeitsleistungen veröffentlicht. Da mir gerade Leistungen der Aufmerksamkeit und Konzentration für das Zustandekommen des luziden Träumens relevant scheinen, werde ich im folgenden seine Überlegungen etwas genauer darlegen.

Seinen Denkansatz finde ich originell. Er bemüht sich um die Lokalisation von Bewußtsein im weitesten Sinne und meint, daß sich der Begriff „Bewußtsein“ in mehrere Unterbegriffe aufspaltet, wobei er sich auf Gewahrsamkeit („awareness“) und Kontrolle („control“) konzentriert. Außerdem faßt er den aktuellen Wissensstand über die Anatomie und Funktion des Aufmerksamkeitssystems („attention system") des Gehirns zusammen.

POSNER geht davon aus, daß drei Netzwerke am Prozeß selektiver Aufmerksamkeit maßgeblich beteiligt sind: das posteriore Aufmerksmakeitssystem, das anteriore Aufmerksamkeitssystem und das Vigilanzsystem. Der Vorgang des Sich-Orientierens („functions of orienting") soll mit Prozessen im posterioren Netzwerk verbunden sein, während das anteriore Netzwerk die Vorgänge von Gewahrsamkeit („awareness") speist. Das Vigilanznetz dürfte sowohl das anteriore als auch das posteriore Netzwerk beeinflussen, indem es die Effizienz des posterioren Systems bei der Orientierung verstärkt und dabei die Aktivitäten des anterioren Netzes unterdrückt. Diese Kombination soll mit dem Zustand von subjektiver Bereitschaft, noch frei von bewußten Inhalten, korrelieren. Diesen Zustand nennt der Autor „clearing of consciousness". Vergleiche mit meditativen Zuständen oder Zuständen vor einer „Performance" drängen sich unwillkürlich auf.

Alle drei Netzwerke dürften am Prozeß der selektiven Aufmerksamkeit („selective attention") unterschiedlich beteiligt sein. Der Output der Hirnsysteme bei der Auswahl („selection") scheint derart gestaltet, daß nur eine sehr enge Bandbreite zu einem gegebenen Zeitpunkt fokusiert werden kann. Das würde bedeuten, daß das Aufmerksamkeitssystem des Gehirns die Inhalte der Gewahrsamkeit auf eine ähnliche Art bereitstellt, wie das visuelle System die Wahrnehmung von Visuellem organisiert.

Das **posteriore Aufmerksamkeitsnetzwerk** besteht anatomisch aus Teilen des parietalen Kortex, die mit thalamischen Arealen des pulvinären und retikulären Nucleus sowie Teilen des Superior Colliculus des Mittelhirns in Verbindung stehen. Diese Gebiete kollaborieren bei dem Vorgang, der notwendig ist, um die Aufmerksamkeit („attention") auf eine Stelle im Raum zu bringen („bündeln"). Das posteriore System ist eng an anatomische Verbindungen zum anterioren Aufmerksamkeitsnetzwerk und an das Arousal des Vigilanzsystems gebunden (POSNER & PETERSEN 1990).

Es wird bei der Orientierung auf sensorische Stimuli miteinbezogen, also auch um die Aufmerksamkeit auf relevante Orte zu richten, etwa bei einer visuellen Suche, beim an-räumliche-Orte-Binden von Information, um die Wahrnehmung von Objekten zu vollbringen, oder um eine relevante Skala aufzuspüren, um den visuellen Input zu überprüfen. Lokalisation im Raum dürfte hier generiert werden. Oft wird dafür die Metapher einer Zoomlinse verwendet.

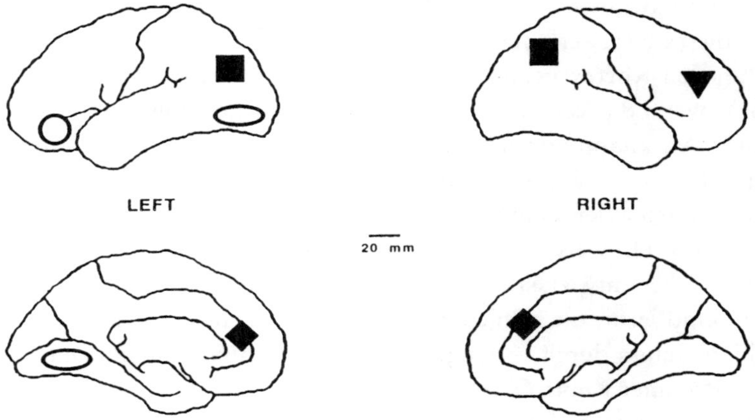

Abb. 16: *Netzwerkmodelle Posners.*

Diese grundlegende Eigenschaft der Selektion des posterioren Netzwerks ist durch Aufnahmen von Zellen, elektrische Aufnahmen der Kopfhaut und die Aufzeichnung bei der Dedektion der Stimuli nahe der Wahrnehmungsschwelle und der dazugehörigen Reaktionszeit gezeigt worden.

Das **anteriore Aufmerksamkeitsnetzwerk** setzt sich aus den Arealen des mittleren präfrontalen Kortex, wie dem anterioren Gyrus cingulae und den motorischen Arealen, zusammen. Diese Gebiete scheinen beim Aufspüren von Vorkommnissen bzw. Zielen, insbesonders visueller Ziele, beteiligt zu sein, unabhängig davon, ob diese Ziele in Farbe, Form, Bewegung oder semantischen Worten auftreten. Ist die Konzentration z. B. auf eine semantische Kategorie gerichtet, verlangsamt sich die Geschwindigkeit, mit der Worte aus anderen Kategorien aufgespürt werden können.

Diese Ausschließlichkeit der Aktion scheint eine der Gemeinsamkeiten des posterioren und anterioren Netzwerks darzustellen. Es lassen sich auch anatomisch, jedenfalls beim Affen, starke Verbindungen zwischen dem anterioren Cinguli und dem hinteren parietalen Lappen (GOLDMAN-RAKIC 1988) nachweisen. Die Tatsache, daß wir durch ein hohes Niveau kognitiver Strategien Orientierung in Gang setzen können, macht die Verbindung zwischen diesen beiden Netzwerken auch im Anatomischen plausibel.

Als Bindeglied dürfte das **Vigilanznetzwerk** dienen. Ich nehme an, daß dieses Netzwerk aus dem Nor-Epinephrin-Input des Locus coeruleus an den Kortex genährt wird. Die Aktiviertheit dieses Systems ist stark, wenn die Versuchsperson einen hellwachen Zustand aufrechterhält, etwa knapp vor einer Reaktion bei einem Reaktionszeittest. An Aufnahmen von PETskanern zeigt sich diese Aktiviertheit im rechten lateralen frontalen Lappen.

Es gibt Hinweise darauf, daß sich beim Kleinkind die rechte Hirnhälfte früher entwickelt als die linke. POSNER erklärt das damit, daß das Kleinkind lernt, die schnellen Wechsel zwischen dem Wach- und dem Schlafstadium durch verlängerte Perioden von Gewahrsamkeit („awareness“) unter Kontrolle zu bringen. Anatomisch ist das Vigilanzsystem eng mit dem posterioren Aufmerksamkeitssystem verbunden, denn der Locus coeruleus hat seinen primären Nor-Epinephrin-Output an Arealen des posterioren Aufmerksamkeitssystems, wie dem parietalen, dem pulvinaren und dem collicularen System. So sortiert die Aufmerksamkeit die Inhalte unserer augenblicklichen Gewahrsamkeit („awareness“), die Konzentration auf Visuelles korreliert mit einer Erhöhung der prästriaten Areale, während die Konzentration semantischer Verbindungen mit der Aktiviertheit in den lateralen frontalen Arealen korreliert.

Der Autor unterscheidet das posteriore vom anterioren Netzwerk wie Orientierung („orienting“)/Aufmerksamkeit („attention“) von Aufspüren („detection“)/Gewahrsamkeit („awareness“).

Die Aktivität des posterioren Systems soll beim Kleinkind im Alter von 4–6 Monaten entwickelt werden. Das anteriore System entwickelt sich im Alter von 9 Monaten, einem Zeitpunkt, während dem in der kindlichen Entwicklung einerseits die Angst vor Fremden auftritt, andererseits gleichzeitig auch eine Veränderung des Schlafrhythmus stattfindet und das Kind zum ersten Mal so etwas wie einen eigenen Willen entwickelt.

Weiter führt der Autor aus, daß beim Erwachsenen eine Unterscheidung zwischen Gewahrsamkeit („awareness“) und Kontrolle („control“) ausgebildet zu sein scheint. Dabei bezieht er sich auf Überlegungen zum Unterschied zwischen Wach-und Traumwelt. Er führt dabei MAMELAK und HOBSON (1989) an, die meinten, daß beim Träumen Gewahrsamkeit („awareness“) zwar deutlich gegeben ist, die Fähigkeit aber, Gedanken und Verhalten zu steuern, stark eingeschränkt wird.

Daß diese Beobachtung aber nur eingeschränkt gilt, ergibt sich mit der Möglichkeit der Luzidität. Gerade dieses Phänomen scheint hier beachtenswert, da ja Fähigkeiten des Willens oder der Kontrolle im Traum möglich sind, gleichsam dazugeschaltet werden, und vermutlich ein physiologisches Korrelat existiert, sei es in hormoneller oder/und elektrischer Ausprägung. Das subjektive Erleben spricht für einen Anstieg der Aktiviertheit, eine Einschaltung kognitiver Leistungen. Da HOBSON dieses Phänomen bekannt ist, bezogen sich MAMELAK und HOBSON vermutlich viel mehr auf die Einschränkung als das Nichtvorhandensein von Kontrollfunktion.

Zusammenfassend läßt sich sagen, daß das posteriore System eher mit der Lokalisation im Raum und das anteriore System mit Willen in Verbindung gebracht werden. Interessant ist, daß das luzide Träumen zwar eine innere Einstellung, eine Erwartungshaltung oder Bereitschaft voraussetzt, bei übergroßer Willensanstrengung aber eher verhindert zu werden scheint. Das subjektive Erleben im Klartraum kommt auch eher durch ein attentionales Bemerken bzw. „Orten" des Zustandes „Ich träume" als durch Kontrolle zustande. Als weiteren Hinweis interpretiere ich die Tatsache, daß Vorgänge wie Gleiten, Schweben, Fliegen – Abläufe, die mit dem Orten im Raum zu tun haben – im Klartraum besonders häufig vorkommen. Stephen LaBERGE und Paul THOLEY empfehlen sogar das Sich-um-die-eigene-Achse-drehen als Überprüfung des Zustandes bzw. als Induktion des luziden Zustandes. Ich habe das mit einer Aktiviertheit im vestibulären System in Zusammenhang gebracht, das im Wachzustand kaum in Aktion tritt, im Traumzustand aber zu etwa 8 % aufscheint. Das Vestibulärsystem hat insbesondere auch die Aufgabe, den Körper im Raum zu orten.

All diese Beobachtung lassen also, nach den oben beschriebenen Netzwerken während des luziden Zustandes, eine höhere Aktiviertheit im Parietalbereich vermuten. Im Ergebnisteil wird sich zeigen, ob sich diese Hinweise auf physiologischem Niveau in vorliegender Studie bestätigen lassen.

Posners Arbeit wurde auch deshalb so eingehend beschrieben, da ich den Eindruck habe, daß der Vorgang des luziden Träumens mit Wachheit, Bereitschaft und Aufmerksamkeit wesentlich verbunden ist. Es ergibt sich der subjektive Eindruck, daß so etwas wie ein System der Aufmerksamkeit oder Bewußtheit, das sonst während des Schlafes ruht, dazugeschaltet ist. Insofern wären Studien über Bewußtsein im weiteren Sinne und Träumen bzw. luzides Träumen besonders vielversprechend und interessant.

Ein weiterer, sicherlich sehr ergiebiger und faszinierender Forschungsansatz ist es, die Gesetze der Gestaltpsychologie, die z. T. in „Gesetze des Sehens“ (METZGER 1975) genannt werden, auf den Prozeß des Träumens zu übertragen. Mir sind z. B. Träume bekannt, die Bild und Sprache „austauschen“ – den folgenden träumte ich selbst, nachdem ich einmal zuviele Zigaretten geraucht hatte:

> „Ich befinde mich im obersten Stock eines Hauses, in dem sich unzählige junge Leute aufhalten. Eine mit mir befreundete Ärztin wird von einer Killerin bedroht. Meine Aufgabe ist es, die Ärztin zu beschützen. Ich bringe sie in Sicherheit. Gleichzeit deponiert die Killerin etwas Abstoßendes, das sie in einem Schubkarren transportiert. Niemand wagt es, sich diesem ‚Ding‘ zu nähern. Man weiß, es ist rohes Fleisch. Ein mutiger Freund, der Krankenpfleger ist, inspiziert dieses Etwas. Er winkt mir in seinem ehemals weißen Mantel, der jetzt blutbespritzt ist. Er winkt mich schmunzelnd zu sich und fragt, woran mich der Schubkarren erinnere. Irgendwie hat er die Form einer Pfeife. So sage ich: ‚Pfeife‘; er ergänzt: ‚Rauch‘. Und weiter fragt er, ob ich wüßte, welche Sorte dieses Fleisch sei: er klärt mich auf und sagt: ‚Lunge‘, Raucherlunge!‘.“

Die „Pfeife“ und die „Lunge“ haben im Traum Begriffe für das Rauchen gebildet. Dieses Phänomen ist schon von FREUD in seiner „Traumdeutung“ (1900/1960) beschrieben worden. Kenneth ARENSON, ein kanadischer Psychologe und Anwalt, wendet dieses Prinzip seit Jahren in seiner psychotherapeutischen Praxis an und erzählt davon immer wieder im Rahmen der ASD (Association for the Studies of Dreams) Konferenzen. Niemand hat dieses Phänomen, daß Traumbilder „wörtlich“ genommen oft einen Sinn ergeben, bisher theoretisch oder physiologisch erklären können. Meines Erachtens wäre mit gestaltpsychologischer Terminologie der abstrakte Inhalt als die zu vermittelnde zugrundeliegende Gestalt aufzufassen, die in Bild und Wort beliebig transponierbar ist. Deshalb halte ich die Gestaltpsychologie für einen brauchbaren Ansatz, dem Träumen auf den Grund zu kommen. Ein derartiger Forschungsansatz könnte uns sicherlich auch einige Hinweise über das Zustandekommen von Synästhesien liefern.

Die Gestaltgesetze könnten aber auf der physiologisch-mathematischen Ebene im Detail nicht auf den Prozeß der Vorgänge während des Träumens übertragen werden, da die Gestaltgesetze zwar umfassend beschrieben, nicht aber ad hoc operationalisierbar sind. Sie wurden nach Beobachtungen auf phänomenaler Ebene entworfen und in allgemein verständlicher Sprache formuliert, die nicht die Sprache der physiologisch-mathematischen Ebene ist. Ich sehe eine Möglichkeit ihrer Übersetzung im Konzept der Neuronalen Netze (einführend beschrieben in RUMELHART und McCLELLAND (1986). Steve PALMER (in press) unternimmt an der University of Berkeley bereits den Versuch, Gestaltgesetze in die Sprache der Neuronalen Netze zu übersetzen.

5. Der luzide Traum
(nach Stephen LaBERGE 1988)

5.1 Entstehung und Entwicklung der Klartraumforschung

Im folgenden möchte ich mich mit den Untersuchungen über die physiologischen Korrelate zum luziden Träumen beschäftigen. Weltweit führend auf diesem Gebiet ist wohl Stephen LaBERGE ist. Er hat die Pionierarbeit geleistet und konnte mit Hilfe einer Gruppe von luziden Träumern herausfinden, was diesen so außergewöhnlichen Schlafzustand von anderen Schlaf-und Wachzuständen abzuheben vermag.

Viele Schlafforscher dürften mit HARTMANN (1975, S. 74) übereingestimmt haben, daß luzide Träume „not typical parts of dreaming thought, but rather brief arousals" sind. SCHWARTZ und LEFEBVRE (1973) nahmen an, daß „microawakenings" die Ursache des luziden Träumens wären. ANTROBUS und FISHER (1965) sowie HALL (1977) wiederum postulierten, daß luzides Träumen nur in den Übergangsphasen zwischen REMschlaf und dem Tiefschlafstadium auftreten könnte.

Aufgrund einer Schlafstudie mit nur zwei Versuchspersonen, in die insgesamt drei luzide Träume nach dem Erwachen aus einer REMperiode registriert worden waren, schlossen OGILVIE, HUNT, SAWICKI und McGOWAN (1978, S. 165), daß luzides Träumen vermutlich im REMschlaf ausgelöst werde.

Stephen LaBERGE fand eine Technik, mit der Beginn und Ende eines luziden Traumes ‚objektiv' festgestellt werden können. Die Versuchspersonen teilen mittels Augenbewegungen (links – rechts – links – rechts), die am EOG (Elektrookulogramm) aufgezeichnet werden, dem Versuchsleiter mit, wann der luzide Traum beginnt. Unglaublicherweise heben sich diese ‚bewußten' Augenbewegungen tatsächlich deutlich von den sonst registrierten ‚rapid eye movements' ab. Auch ich habe in meiner Untersuchung diese Methode verwendet. Die folgende Darstellung zeigt ein Augensignal, mit dem Mike LaPoint, eine meiner Versuchspersonen, mir seinen luziden Zustand während des Träumens signalisiert hat:

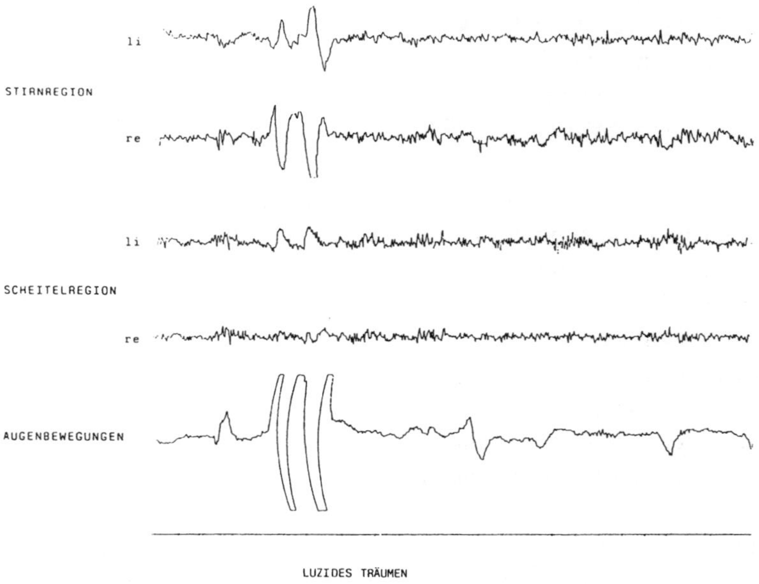

Abb. 17: *Das Augensignal, das Luzidität signalisiert.*

Diese Untersuchungsmethode ermöglicht es nicht nur, Trauminhalt mit physiologischen Begleitmustern in Verbindung zu bringen, sondern kann auch eine, wenn auch bescheidene, Kommunikation mit einem Träumenden herstellen: ein Tor zu Morpheus' Geheimnis!

LaBERGE, NAGEL, DEMENT und ZARCONE (1981) haben als erste diese Technik an fünf Versuchspersonen getestet. Es wurden insgesamt 35 luzide Träume aus 34 Nächten berichtet, 32 davon stammten aus den REMperioden, 2 aus dem NonREMschlaf, dem ersten Schlafstadium, und eine aus dem Übergangsstadium von NonREMschlaf zu REMschlaf, dem zweitem Schlafstadium. Insgesamt 30 mal wurde ein Augensignal abgegeben, in 24 dieser 30 Fälle (90 %) konnte dieser Bericht einem tatsächlich aufgezeichneten Signal zugeordnet werden. Alle diese 24 Fälle entstammten eindeutig einer REMperiode. Die REMperioden waren nach Rechtschaffen & Kales (1968) bestimmt worden. Auch Nachfolgeuntersuchungen bestätigten weitgehend, daß luzides Träumen im REMschlaf auftritt (LaBERGE, NAGEL, TAYLOR, DEMENT und ZAR-

CONE, 1981; DANE, 1984; FENWICK et al., 1984; HEARNE, 1978; OGILVIE, HUNT, KUSHNIRUK und NEWMAN, 1983; HEARNE, 1978).

Nicht immer können die Augensignale der Versuchspersonen am Polygraphenpapier auch verifiziert werden. So haben LaBERGE, NAGEL, DEMENT und ZARCONE (1981) luzide Träume von zwei Versuchspersonen aufgezeichnet, zwei aus dem ersten Schlafstadium und einen aus dem zweiten Schlafstadium, bei denen kein Signal zu erkennen war.

Die Unterdrückung des H-Reflexes gilt als ein Charakteristikum des REMschlafes. Um herauszufinden, ob das luzide Träumen wirklich hauptsächlich dem REMschlaf zugeordnet werden kann, haben BRYLOWSKI, LaBERGE, LEVITAN, BOOTH und NELSON (1986) eine Studie durchgeführt, in der an einer Versuchsperson über vier Nächte der H-Reflex aufgezeichnet worden ist. Der Reflex ist alle 5 Sekunden evoziert, später gemessen und analysiert worden. Es konnte deutlich gezeigt werden, daß der H-Reflex auch in den luziden Abschnitten der REMperioden unterdrückt war ($p < .001$).

Es wird oft die Frage gestellt, was den luziden Traum eigentlich von einem Tagtraum unterscheide. Die Antwort ist einfach, bei genauerem Besehen des aktuellen Wissensstandes aber unbefriedigend: der luzide Traum findet während des Schlafens und der Tagtraum während des Wachens statt. Phänomenologisch erlebt wird eine „Phantasiewelt“, die im luziden Traum als eine solche, dennoch aber sehr reale Welt wahrgenommen wird, bei gleichzeitigem Bewußtsein des Schlafzustandes und oft auch des Ortes, wo geschlafen wird. Dies könnte theoretisch sowohl als Gedächtnisleistung als auch als Wahrnehmung (im Augenblick) interpretiert werden. Versucht ein luzider Träumer sich das Ticken des Weckers zu vergegenwärtigen, von dem er weiß, daß er neben ihm am Nachtkästchen steht, oder versucht er die Bettdecke zu spüren, wird ihm kein Erfolg beschieden sein (LaBERGE, 1980a, 1985a), weder luzide noch nicht luzide Träumer können Stimuli aus der Außenwelt wahrnehmen, bzw. ist die Erregungsschwelle so gesetzt, daß sie nur für bestimmte Reize, die unter anderem auch durch Konditionierung erlernt werden können, wie z. B. das Läuten des Weckers, empfänglich sind. Bemerkenswerterweise erwacht der Träumer allerdings auch bei Gefahr; dies könnte bedeuten, daß ein uns noch unbekanntes Sensorium auch während des Träumens hellwach ist. Man denke hier auch an den Ammenschlaf. Beim Tagträumen sind alle Reize aus der Außenwelt wahrnehmbar, so auch etwa die des Tastsinns, die uns die Anwesenheit einer Bettdecke vermitteln.

5.2 Physiologische Korrelate des luziden Traumes

Mit Hilfe der von Stephen LaBERGE entwickelten Technik des Signalisierens über Augenbewegungen während des REMschlafes, ist es möglich, physiologische Vorgänge mit Traumberichten präziser zu korrelieren. Dabei muß man von der Annahme ausgehen, daß das, was als Traum berichtet wurde, auch tatsächlich geträumt worden ist, daß sich die Versuchsperson also an das Traumgeschehen nach dem Erwachen erinnern kann.

LaBERGE meinte, daß ein luzider Träumer "... could carry out diverse dream experiments marking the exact time of particular dream events, allowing the derivation of precise psychophysiological correlations and the methodical testing of hypotheses." (Üs. d. Verf.: ... verschiedene Traumexperimente unternehmen könnte, während er Beginn und Ende seines Versuches genau markiert, was den Vergleich mit physiologischen Parametern und das Testen von Hypothesen ermöglichen würde.) (LaBERGE, NAGEL, DEMENT und ZARCONE, 1981, S. 727). Diese Idee hat sich auch in vorliegender Arbeit als praktikabel erwiesen.

Die letztgenannte Untersuchung sowie die Studie von LaBERGE, NAGEL, TAYLOR, DEMENT und ZARCONE (1981) zeigten einen deutlichen und direkten Zusammenhang zwischen den aus Traumberichten von luziden Träumen hervorgehenden Blickrichtungsaugenbewegungen und den polygraphisch aufgezeichneten Augenbewegungen.

Außerdem sind die Resultate, die aus der Untersuchung von luziden Träumen gewonnen werden (wie z. B. DANE, 1984; FENWICK et al., 1984; HEARNE, 1978 und OGILVIE et al., 1982), deutlicher als die sonst generell schwachen Zusammenhänge früherer Untersuchungen, bei denen Zusammenhänge zwischen den Bewegungen der Augen des Träumers und den geträumten Augenbewegungen festgestellt hätten werden sollen. Man hatte sich nämlich auf das zufällige Auftreten von auf dem Polygraphenpapier gut sichtbaren Augenbewegungen verlassen müssen, um Vergleiche mit Traumberichten vornehmen zu können (ROFFWARG, DEMENT, MUZIO und FISHER, 1962).

LaBERGE ist es außerdem als erstem gelungen (1980a und 1985a), Aussagen über die Dauer eines Traumes zu machen, indem er die durch Augenbewegungen markierten Zeitabschnitte später mit der Einschätzung der Länge dieser Abschnitte verglich. In allen registrierten Fällen ergab sich ein hoch signifikanter Zusammenhang zwischen der Einschätzung der Dauer von Abschnitten aus luziden Träumen und der „objektiv" gemessenen Zeit.

In einer anderen Studie konnten LaBERGE und DEMENT (1982a) zeigen, daß sogar die willentliche Einflußnahme auf das Atmen während des luziden Träumens möglich ist: Drei Versuchspersonen sollten während des luziden Träumens entweder schnell atmen oder den Atem anhalten und diese Abschnitte veränderter Atmung mit Augensignalen markieren. Die Instruktionen wurden nach den Angaben der Versuchspersonen insgesamt neunmal erfolgreich ausgeführt. In jedem dieser Fälle war es einem Beurteiler möglich, anhand der Aufzeichnungen am Polygraphenpapier korrekt einzuschätzen, welche der beiden Aufgaben ausgeführt worden ist ($p<.002$).

Bei der Testung weiterer Signalmöglichkeiten ergaben sich Anhaltspunkte, daß sich auch andere Muskelgruppen während des REMschlafes kontrollieren lassen (LaBERGE, NAGEL, DEMENT und ZARCONE 1981). So konnte eine rechts-links Sequenz von „Faustmachen" im Traum mit einer rechts-links Sequenz von Muskelzuckungen an beiden Unterarmen mittels EMG registriert werden. Allerdings zeigt die Amplitude nur einen unzuverlässigen Zusammenhang zur subjektiven Intensität des Geträumten, da alle Gruppen der Skelettmuskulatur Muskelspannung während des REMschlafes so gut wie völlig verlieren.

Unterstützt wird diese Beobachtung weiters durch eine Studie von FENWICK et al. (1984), in der Alan Worsley, der 1978 auch die Versuchsperson von HEARNE gewesen war, untersucht worden ist. Worsley hat im Traum verschiedene Muskelbewegungen ausgeführt, während seine physiologischen Daten am Polygraphen aufgezeichnet worden sind. Unter anderem machte er eine Armbeugung, die Finger, Unterarm und Schulter beanspruchte, während gleichzeitig sein EMG entsprechend aufgezeichnet wurde. Die Axialmuskulatur zeigte keinerlei unterscheidbare EMGaktivität, während die Messung des EMG am Unterarm eine geringe Amplitude und kurze „bursts" erkennen ließ. Das EMG, das am Finger abgenommen wurde, zeigte eine noch größere Amplitude und noch mehr „bursts". Dies weist möglicherweise darauf hin, daß die REMatonie für die meisten Distalmuskel einen zentralperipheralen Gradienten bezüglich der motorischen Inhibition zeigt. Ähnliche Experimente von FENWICK et al. mit geträumten Beuge- und Streckungsbewegungen von Armen und Beinen legen sogar die Schlußfolgerung nahe, daß Beugungen weniger inhibiert werden als Streckungen. In FENWICKS Studie wurde zusätzlich zum EMG ein Accelerometer zur „Objektivierung" der Daten herangezogen.

1986 führte LaBERGE ähnliche Experimente durch, bei denen zwei Versuchspersonen ihre Fingerspitzen unter vier Versuchsbedingungen langsam von links nach rechts zu bewegen hatten: wach mit geöffneten Augen; wach mit geschlossenen Augen, mentale Imagination ausführend; bei luziden Träumen; bei der Imagination während des luziden Träumens. Während der beiden Imaginationsbedingungen zeigten Versuchspersonen saccadische Augenbewegungen, während des eigentlichen Signalisierens geschmeidig geführte Augenbewegungen.

Da im allgemeinen davon ausgegangen wird, daß luzide Träume im REMschlaf auftreten, sind die Charakterisierungsmöglichkeiten dieses Zustandes dementsprechend eingeschränkt. Allerdings sind die Standardkriterien für den REMschlaf nach RECHTSCHAFFEN und KALES (1968), relativ grob mit „... relatively low voltage, mixed frequency" (Üs. d. Verf.: relativ niedrige Voltmessung bei gemischter Frequenz) angegeben. Das EEGbild variiert im REMschlaf bekannterweise beträchtlich. Deshalb erscheint es recht schwierig, zuverlässige EEGkorrelate für den luziden Zustand zu bestimmen.

OGILVIE, HUNT, SAWICKI und McGOWAN (1978, S. 165) kamen mit nur einer Versuchsperson zu dem Schluß, daß Alpha die dominante EEGfrequenz während des luziden Träumens ist, wobei der Prozentanteil von Alpha beim Vergleich von 2 luziden mit 6 nicht luziden REMperioden festgestellt worden ist.

1982 haben OGILVIE, HUNT, TYSON, LUCESCU und JEAKINS in einer Follow-up-Studie versucht, in einer großzügiger angelegten Versuchsanordnung die oben erwähnte Schlußfolgerung zu verifizieren. Zehn Versuchspersonen verbrachten je zwei Nächte im Schlaflabor und wurden jeweils viermal aus einer REMperiode geweckt, zweimal bei hoher Alphatätigkeit und zweimal bei geringer Alphatätigkeit. Die Träume der Versuchspersonen wurden mittels einer Luziditätsskala evaluiert. Signifikant höhere Luziditätswerte traten in den Perioden auf, in denen höhere Alphatätigkeit registriert worden war.

Weitere Studien (OGILVIE et al. 1983; LaBERGE 1980b) brachten allerdings keine signifikanten Unterschiede für die Alphatätigkeit in den luziden und nicht luziden Abschnitten der REMperioden.

Da bei der Ausführung kognitiver Leistungen im Wachzustand vielfach Lateralisationseffekte im Alphafrequenzband des EEG beobachtet wurden, untersuchte LaBERGE in einer Pilotstudie, ob sich diese Ergebnisse auch im Zustand des luziden Träumens finden lassen. Vier Versuchspersonen nahmen an einer Studie zum Vergleich von Traumsingen und Traumzählen teil. LaBerge stellte fest, daß die rechte Hirnhälfte während des Singens aktivierter war als die linke, während beim Zählen der umgekehrte Effekt erfolgte. Diese Ergebnisse ähneln jenen der Untersuchungen des Wachzustandes (LaBERGE und DEMENT 1982b).

5.3 Physiologische Luziditätsankündigung

Luzides Träumen dürfte am häufigsten während des REMschlafes auftreten. Der REMschlaf variiert allerdings in der Ausprägung seiner physiologischen Aktiviertheit. Zwei Zustandsbilder können unterschieden werden: Einerseits gibt es kurzfristige Phasen hoher Aktiviertheit, die sich in kurzlebigen, unregelmäßigen Erscheinungen ausdrücken, wie z. B. Muskelzuckungen oder den rapid eye movements, die auch „phasisch" genannt werden. Andererseits existiert der durchgängig erscheinende Ruhezustand, der „tonisch" genannt und von „phasischen" Ereignissen unterbrochen wird. Die Gruppe um Stephen LaBERGE geht von der Annahme aus, daß Luzidität vermutlich mit phasischer Aktivität korrespondiert.

1986 haben LaBERGE, LEVITAN und DEMENT, haben zu dieser Frage eine Studie mit 13 Versuchspersonen durchgeführt. Dabei ergaben sich 76 luzide Träume, die mittels Augensignal vom Träumer als „signal-verified lucid dreams" (SVLDs) bestätigt worden sind. Ein physiologischer Vergleich (EM-Augenbewegungen, SP-Hautwiderstand in Form von Artefakten im EEG-Elektroenzephalogramm, HR-Pulsfrequenz und RR-Atmung) zwischen luziden Abschnitten und den Abschnitten innerhalb einer REMperiode knapp vor dem Augensignal ergab einen deutlich höheren Aktiviertheitszustand während der luziden Abschnitte.

Um zeitliche Unterschiede der Aktiviertheit innerhalb dieser REMperioden zu veranschaulichen, wurden die Werte aus den Träumen, die ein Augensignal beinhalteten, standardisiert und über Träume und Versuchspersonen gemittelt. In der folgenden Graphik sind physiologische Parameter 5 Minuten vor und nach einem Signal, also 5 Minuten vor Beginn von Luzidität und 5 Minuten nach Luzidität gemittelt dargestellt. Zu beachten ist der Anstieg der Aktiviertheit 30 Sekunden vor und nach dem Signal.

Zu erkennen sind auch die gemittelten Z-Scores für Augenbewegungen (EM), Atmung (RR), Anzahl der Herzschläge (HR) und des Hautleitwerts (SK) in Einheiten von 30 Sekunden, wobei „0“ den Zeitpunkt des Signalisierens meint. Die dargestellten Augenbewegungen beinhalten nicht die Augensignale, die den Zustand mitteilen. Alle mit einem „*“ gekennzeichneten Einheiten unterscheiden sich signifikant (p<.05).

Zusätzlich sind die physiologischen Daten aus 61 nicht-luziden mit den luziden verglichen Träumen worden. Beide Traumarten stammten von denselben Versuchspersonen. Die Mittelwerte der Augenbewegungen und des Hautwiderstands waren in luziden Abschnitten signifikant höher, Atmungs- und Herztätigkeit wiesen keine signifikanten Unterschiede auf.

LaBERGE hat weiter überlegt, daß luzide Abschnitte zu Beginn einer REMperiode zu erwarten sind, setzt man voraus, daß die Wahrscheinlichkeit des Auftretens eines luziden Traumes innerhalb einer REMperiode konstant ist. Systematische Beobachtungen diesbezüglich haben allerdings ergeben, daß der Beginn eines luziden Traumes („lucidity-onset“) am ehesten 5 bis 7 Minuten nach Beginn einer REMphase („REM-onset“) anzusehen ist.

Dabei vermute ich, wie erwähnt, daß das luzide Träumen während eines aktivierten REMabschnittes (bei Auftreten von „Phasischem“) eingeleitet wird. ASERINSKY hat 1971 festgestellt, daß die Dichte der Augenbewegungen von Beginn der REMperiode an zunimmt und ihre Spitze etwa 5 bis 7 Minuten nach Beginn der REMperiode zu orten ist. Deshalb folgert LaBERGE, daß die Dichte der Augenbewegungen tatsächlich mit der Wahrscheinlichkeit des Auftretens eines luziden Abschnittes korreliert (r = .66, p<.01). Er schloß weiter, daß die Aktiviertheit des ZNS (Zentralen Nervensystems) ein wesentlicher Indikator für luzides Träumen ist (1988, S. 140).

SCHWARTZ und LEFEBVRE postulierten 1973, daß luzide Träume während „Microawakenings“, also kurzem Erwachen während des Schlafes, auftreten. Im Anschluß daran stellte LaBERGE 1988 (S. 141), fest, daß luzide Träume während solcher Microawakenings mitunter beginnen mögen, sich dann aber in wohl bekanntem REMschlaf fortsetzen, und daß der Beginn eines luziden Traumes aber nicht notwendigerweise während eines Microerwachens erfolgt.

Zusammenfassend kann also gesagt werden, daß zur Induktion von luziden Träumen ein erhöhter Aktiviertheitszustand des ZNS erforderlich sein dürfte. LaBERGE erklärt dieses Phänomen insofern, als er

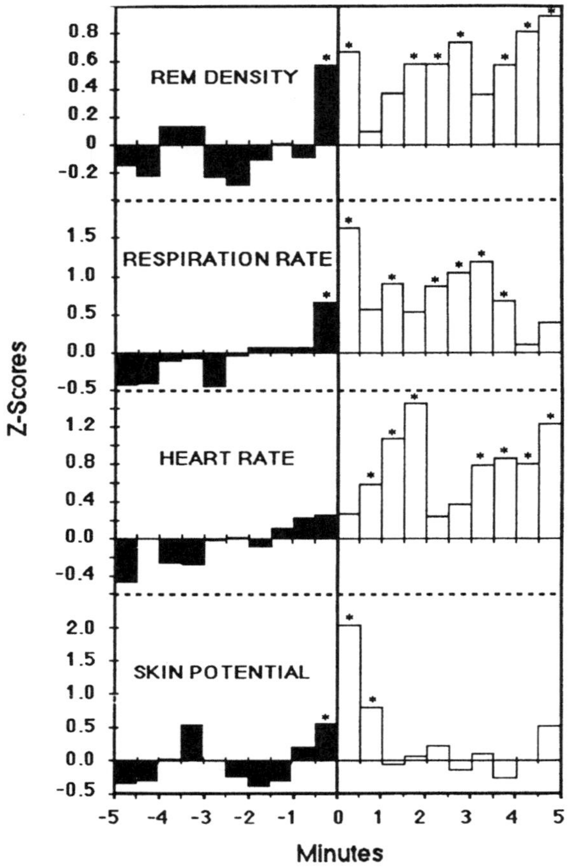

Abb. 18: *Physiologische Kennzeichen vor Luziditätsbeginn.*

annimmt, daß die kognitive Leistung, die zum Zustandekommen eines luziden Traumes erforderlich ist, ein höheres Aktivierungsniveau der neuronalen Aktivität „benötigt“. Er sagte (1988, S. 143):

> “In terms of Antrobus's (1986) adaptation of Anderson's (1983) ACT model of cognition to dreaming, working memory capacity is proportional to cognitive activation, which in turn is proportional to cortical activation. Becoming lucid requires an adequate level of working memory to activate the presleep intention to recognize that one is dreaming. This level of activation is apparently not always available during sleep but normally only during phasic REM.” (Üs.

d. Verf.: Wie Antrobus' und Andersons Modelle über Kognition während des Träumens angeben, ist die Gedächtnisleistung proportional zur Aktiviertheit kognitiver Instanzen, die wiederum zur kortikalen Aktiviertheit proportional ist. Um luzide zu werden, ist es erforderlich, ein gewisses Maß an Gedächtnis zu beanspruchen, um die vor dem Einschlafen vorgenommene Konditionierung – im Traum daran zu denken, daß man träumt zu aktivieren. Dieses Maß an Aktiviertheit ist während des Schlafes nicht immer verfügbar, sicherlich aber während phasischem REM.)

5.4 Gibt es einen Luzidität begünstigenden Zeitpunkt?

Thomas von AQUIN war einer der ersten, der uns seine Kenntnis von luzidem Träumen schriftlich überliefert hat. Er nahm an, daß dieses Phänomen gegen Ende der Nacht bei denjenigen auftritt, die mit starkem Vorstellungsvermögen gesegnet sind (1947, S. 430). Van EEDEN vermutete 1913, daß luzide Träume zwischen 5 und 8 Uhr morgens auftreten. Er erklärte, dies sei die Zeit, in der unser Geist am wenigsten mit unserem materiellen Körper verbunden ist.

LaBERGE (1979) verglich 212 seiner luziden Träume in bezug auf die zeitliche Verteilung und konnte die oben erwähnten Beobachtungen nur bestätigen können. Allerdings sucht er die Erklärung dafür darin, daß REMperioden gegen Ende der Nacht häufiger und länger sind.

1986 haben LaBERGE et al. in einer Untersuchung festgestellt, daß elf von zwölf Versuchspersonen mehr luzide Träume aus der zweiten Hälfte der Nacht berichteten. Eine Regressionsanalyse ergab, daß die relative Wahrscheinlichkeit des Auftretens eines luziden Traumes eine lineare Funktion der Anzahl der REMperioden darstellt ($r = .98$, $p < .0001$). WILD (wake initiated lucid dreams) treten allerdings 10mal häufiger während eines Nickerchens am Nachmittag als während der ersten REMperiode innerhalb einer Nacht auf ($p<.0002$).

5.5 Die Suche nach weiteren physiologischen und phänomenologischen Merkmalen des Klartraums

Meiner Einschätzung nach ist luzides Träumen ein Phänomen mit noch uneinschätzbarem Potential. Um dieses Phänomen der Allgemeinheit zugänglich zu machen, scheint mir ein möglichst umfassendes Herangehen an den Untersuchungsgegenstand unerläßlich. Die Möglichkeiten zu weiteren experimentelle Untersuchungen sind höchst erwünscht.

Stephen LaBERGE ist der Pionier der Erforschung des luziden Träumens. Er war es auch, der mich bei der Planung, Durchführung und Ausarbeitung vorliegender Arbeit angeleitet und unterstützt hat.

Meine Studie ist also in erster Linie dieser Stanfordgruppe entwachsen.

Sie hatte die Bearbeitung folgender Fragestellungen zum Ziel:

Welche subjektiv erlebten Traumcharakteristika begünstigen das Auftreten eines Klartraumes?

Unterscheidet sich die Einschätzung von Zeit im Wachen von der Einschätzung im Klartraum?

Lassen sich spezielle kortikale Charakteristika während des Klarträumens finden?

Läßt sich der Beginn von Luzidität physiologisch, etwa aufgrund bestimmter EEG-Frequenzen vorhersagen?

Gibt es bestimmte Hirnregionen, deren Aktiviät das Klarträumen begleiten?

Um diese Frage überprüfen zu können, mußten verschiedene Bedingungen geschaffen werden: Vorranging war es nötig, ein, wenn auch bescheidenes, Kommunikationsmittel zwischen Träumer und Versuchsleiter herzustellen. Hierbei habe ich mich der von LaBERGE entwickelten Schlafmaske bedient, die er „Lucid Dream Induction Device" (L.I.D.) nennt. Sie registriert die Augenbewegungen und erinnert den Träumer in Form von Lichtblitzen an seinen Zustand, registriert gleichzeitig aber auch durch das Aufzeichnen der Augenbewegungen Augensignale des Träumers.

Diese Methode ermöglicht es außerdem, REMabschnitte zu kennzeichnen und Traumberichte und Physiologie innerhalb kurzer, eingrenzbarer Zeitabschnitte in Zusammenhang zu setzen, was einen wesentlichen Beitrag zur Traumforschung im allgemeinen bedeutet.

Die Induzierbarkeit des luziden Träumens impliziert auch dessen Wiederholbarkeit und gleichzeitig die Quantifizierbarkeit der physiologischen Korrelate.

In aller Bescheidenheit möchte ich darauf hinweisen, daß jede dieser Voraussetzungen Material zu anderen Untersuchungen bietet und bisher ungeahnte Dimensionen für die Schlaf- und Traumforschung eröffnet. Mir z. B. wäre vor Bearbeitung meiner Studie nicht „im Traum" eingefallen, daß ein Wachender mit einem Schlafenden kommunizieren könnte!

5.5.1 Maske und Signale

Die Maske besteht aus einer herkömmlichen Schlafmaske, an deren Innenseite Dedektoren zur Registrierung von Augenbewegungen sowie kleine Lämpchen angebracht sind. Die Lämpchen leuchten, wenn Augenbewegungen auftreten. Die Anzahl, Frequenz und Intensität dieser Lichtblitze ist individuell verstellbar. An diese Aufzeichnungsmodalitäten ist ein kleiner Komputer angeschlossen, der die „Denkarbeit" verrichtet. In unserer Studie wurde der Dedektor außer Betrieb gesetzt. Den Reiz löste der Versuchsleiter händisch über eine Leitung zwischen dem Aufzeichnungsraum und dem Schlafraum der einzelnen Versuchs-

Abb. 19: *Lucid Dream Induction Device.*

personen aus. 8 Lichtblitze wurden im Zeitraum von 2 Sekunden (4 Hz) vorgegeben. Die folgende Abbildung 19 zeigt ein Modell dieser Maske.

Die Versuchspersonen sind darauf konditioniert worden, sich bei der Wahrnehmung einer Lichtquelle zu fragen, ob sie träumen oder wachen und diese anhand sogenannter Realitychecks zu überprüfen (Kap. 1.2.1).

Sie sollten nun, sobald sie realisierten, daß sie träumten und sich während des Träumens frei entscheiden konnten, die Augen links-rechts-links-rechts bewegen. Ein derartiges Signal setzt voraus, daß der Lichtreiz tatsächlich in den Traum eingebaut wird, was ich in der Folge „Incorporation" (Üs. d. Verf.: Reizverarbeitung) nennen werde. Das darauffolgende Augensignal bezeichnete ich LR2.

Die folgende Abbildung zeigt den Lichtreiz mit darauffolgendem LR2 (Kanäle von oben nach unten: 4 EEG, EOG, EMG, HR, Kanal zur Aufzeichnung der Stimuli): Durch die Aufzeichnung der Augenbewegungen (EEOG) gibt uns die Versuchsperson mittels Augensignal zu verstehen, daß soeben ein luzider Traum begonnen hat!

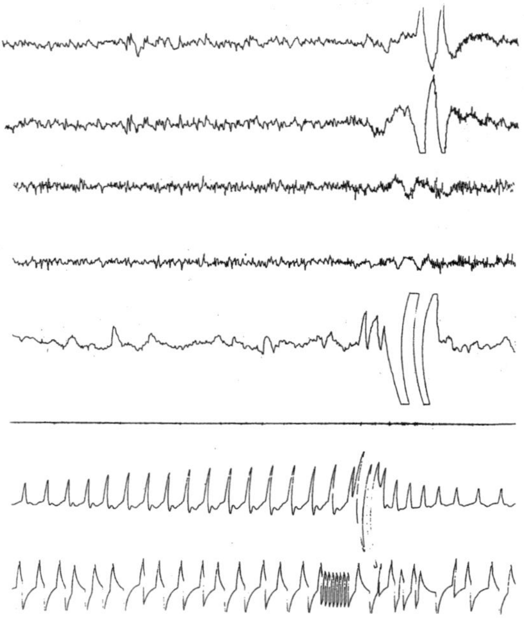

Abb. 20: *Stimulus mit darauffolgendem Luziditätssignal (LR2) (Kanäle von oben nach unten: 4 EEG, EOG, EMG, HR Stimuluskanal).*

Hielten sich die Versuchspersonen für wach, sollten sie uns das auch wissen lassen und dasselbe Augensignal zweimal ohne Absetzen abgeben. Dieses Zeichen wurde dementsprechend LR4 genannt.

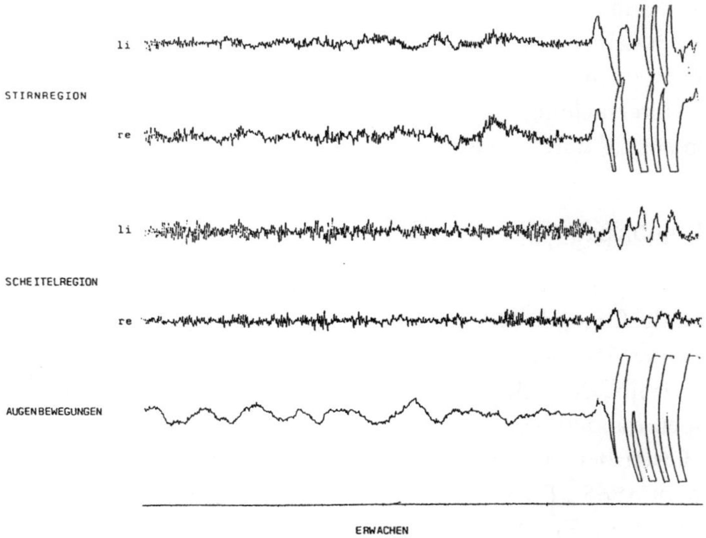

Abb. 21: *LR4 – signal eines falschen Erwachtseins oder des tatsächlichen Erwachtseins.*

Zeichnete sich ein derartiges Signal am Polygraphenpapier ab, mußte dies aber nicht unbedingt bedeuten, daß sich die Versuchsperson im Wachzustand befand. Es konnte sich auch um ein sogenanntes „False Awakening" (Üs. d. Verf.: Falsches Erwachen) handeln, das, wie aus der Literatur bekannt, eine Vorstufe des luziden Zustandes bedeuten dürfte.

Beide Arten von Signalen wurden von Lynne Levitan und mir selbst unabhängig von einander beurteilt. Desgleichen beurteilten wir auch bei welchen Traumbildern es sich um Reizverarbeitungen handelte. Wir haben unsere Ergebnisse anschließend verglichen und nur solche Ereignisse zur Analyse herangezogen, die wir beide gleich eingeschätzt hatten.

LR2, LR4 und Reizverarbeitungen benenne ich zur Verdeutlichung mit der Bezeichnung „Events".

An unserer Untersuchung haben insgesamt zwölf Versuchspersonen teilgenommen, sie waren zwischen 21 und 65 Jahre alt, fünf Frauen und sieben Männer. Bei allen handelte es sich um „erfahrene" Klarträumer. Dies bedeutet, daß sie mindestens einmal monatlich luzid träumten, bereits zumindest einmal im Schlaflabor der Sleep Disorders Clinic in Stanford an einer Traumstudie teilgenommen hatten und an das Tragen der von Stephen LaBerge entwickelten Lichtmaske gewöhnt waren.

Die Untersuchung wurde dem Standard der Ableitung in den Schlaflaboren gemäß durchgeführt.

5.5.2 Ergebnisse

12 Versuchspersonen, fünf Frauen und sieben Männer, haben je zwei aufeinanderfolgende Nächte im Labor verbracht, die physiologischen Daten einer Versuchsperson mußte ich ausscheiden, da sie an einer Krankheit litt, die sich im EEG niederschlug. 6 (55 %) Versuchspersonen haben mindestens einen luziden Traum berichtet.

In diesen beiden Nächten konnte ich 88 REMperioden (148 Abschnitte in 5968 „Epochs") registrieren, die zur weiterer Verarbeitung geeignet waren. Ein Abschnitt ist ein Teil des Traumberichtes vor und nach einem Augensignal. Eine „Epoche" bezeichnet ein 7,5 Sekunden-PSG-Aufzeichnung (Polysomnographieaufzeichnung). (Ursprünglich hatten sich 151 Abschnitte ergeben, davon waren 3 nicht eindeutig zuordenbar und mußten somit aus dem Datenset entfernt werden. 34 (39 %) dieser 88 REMperioden enthielten mindestens einen Stimulus mit einer darauffolgenden Reaktion, die es erlaubte, das Datenset der subjektiven Einschätzung in 148 Abschnitte zu unterteilen. 122 (83 %) sind davon als nicht luzid eingestuft worden, 25 (17 %) als luzid. Wir haben 25mal das Augensignal des Luzidseins (LR2) registriert, 9 davon nach einem Stimulus (Lichtblitz). 2 sind einer Aufzeichnung zuzuordnen, die keinerlei Trauererinnerung zum Vergleich hatte. 4 entstammen einem spontanen Klartraum und 10 folgten den ersten 9, wenn nicht nach einer Minute, dann durch einen zweiten Stimuli „erinnert".

Insgesamt sind also 88 REMperioden in unser Datenset eingeflossen, 16 (18 %) davon wurden als luzide eingestuft. In zehn REMperioden (11 %) wurde der Stimulus gar nicht wahrgenommen, in 19 (22 %) einmal, in 49 (56 %) dreimal, in 9 (10 %) dreimal und in einer (1 %) viermal. 73 (50 %) Stimuli erzielten keinen Effekt. Insgesamt sind 36 (25 %) Verarbeitungen berichtet worden, 9 davon haben Luzidität hervorgerufen. 32mal (22 %) nach Stimulusvorgabe sind die Versuchspersonen erwacht, 6mal (4 %) hat die Stimulusvorgabe ein falsches Erwachen hervorgerufen. Das Augensignal der Luzidität wurde aus 22 (25 %) REMperioden registriert, es galten aber nur 16 (18 %) REMperioden als tatsächlich luzide. Dies läßt sich darauf zurückführen, daß 6 dieser REMperioden, in denen das Signal abgegeben wurde, als nur annähernd luzide (präluzide) eingestuft worden sind. Aus einer REMperiode erhielten wir sogar deutliche Signale, während die Versuchsperson sich an keinerlei Trauminhalt erinnern konnte. Am wahrscheinlichsten ist Luzidität in unserer Studie nach der Vorgabe zweier Stimuli, was grob mit den Ergebnissen von Stephen LaBERGE übereinstimmt.

Was die Einschätzung der Zeit während des (luziden) Träumens betrifft, kann gesagt werden, daß unseren Versuchspersonen die Einschätzung der Dauer der REMperioden kaum geglückt ist, und daß sich in luziden Fällen kein signifikanter Unterschied im Gegensatz zu nicht luziden abzeichnete, obwohl tendentiell luzide imstande waren, minütlich (± 10 sec.) zu signalisieren, wenn bereits einmal „geantwortet worden war. Es wäre erforderlich, diese Fragestellung mit einem größeren Datenset durchzuführen.

Unser Fragebogen hatte sich sinnvoll in vier Faktoren trennen lassen: Bewußtheit, Wahrnehmung, Kohärenz und Emotionalität (unangenehme Gefühlslage). Die Hypothese, daß luzides Träumen subjektiv von Bewußtheit im Traum und einem „kohärenten" Trauminhalt begleitet wird, ließ sich insgesamt verifizieren.

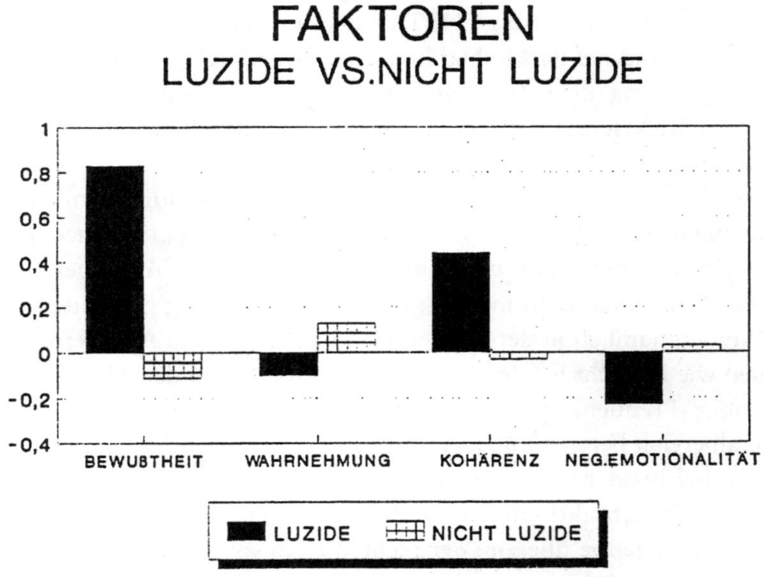

Abb. 22: *Faktoren des Fragebogens im Vergleich mit Luzidität.*

Nicht verwunderlich, daß Faktoren wie Bewußtheit und Kohärenz in luziden Fällen höher laden als in nicht luziden: Reflexionen scheint weitere kognitive Fähigkeiten zu „wecken“, wie etwa die Fähigkeiten, Zusammenhäge herzustellen und sich zu erinnern.

Nach dieser Analyse wurden negative Emotionen tendentiell häufiger in luziden Träumen assoziiert. Aus Traumberichten ist uns bekannt, daß spontane Klarträume in Alpträumen entstehen: Der Träumer wird luzid, um der beängstigenden, unangenehmen Traumsituation entkommen zu können oder die Bedrohung zu bewältigen. Sicherlich sollte diesen Beobachtungen nachgegangen werden.

Nach univariaten Verfahren ausgewertet, ergab sich, daß sich Luzidität von nicht luzidem REMschlaf durch die vermehrte Anzahl der Herzschläge und im Bereich des EEG vorrangig in Differenzen im BETA1frequenzband, die sich im luziden Zustand zu vergrößern schienen, unterscheidet.

Als Trennung, die sich zuerst aus unseren Datensets herausfiltern ließ, also REMschlaf von luzidem REMschlaf und dem Wachzustand abhob, ergab sich multivariat deutlich, daß es sich beim luziden REMschlaf um einen unterscheidbaren REMschlaf handelt, der im EEGbild dem Wachzustand sehr ähnlich ist (vermehrtes Auftreten von ALPHA, verringertes Auftreten von THETA). Daß es sich dennoch auch beim luziden Zustand um REMschlaf handelte, ist dadurch gesichert, daß die Muskelspannung, die neben den Augenbewegungen und dem „aktiven“ EEG den REMschlaf definieren, auch im luziden REMschlaf unterdrückt war.

Die Auswertung nach dem Datenset der physiologischen Werte ergab zunächst ein recht verwirrendes Bild. Bei näherem Besehen allerdings ein Ergebnis, das unserem Wissen über die „Aufgaben“ der beiden Hemisphären zu meiner großen Überraschung gut entspricht: Wir fanden nämlich in der rechten Hemisphäre höhere Aktivierung im luziden wie im nicht luziden REMschlaf (besonders in den Mittelwerten folgender Frequenzabschnitte: TOTAL POWER und BETA 1 im Parietalbereich bei nicht luziden, und BETA 2 und BETA 1 im Frontalbereich bei luziden). Ich war und bin der Ansicht, daß unser Gehirn sehr komplex „funktionieren“ muß. Dennoch stimmen diese Indizien gut mit der Theorie überein: der rechten Hemisphäre werden im allgemeinen Leistungen wie „mentale Vorstellung“ (ROLAND, FRIBERG, 1985) und „Kreativität“ (RUSSELL, 1979, S. 54 und SPRINGER,

DEUTSCH, 1993) zugeordnet. Beides sind Leistungen, die wohl auch beim Träumen wirken.

Die einzelnen Auswertungsschritte ergaben ansonsten ein übereinstimmendes Bild: die Anzahl der Augenbewegungen schien in den luziden Abschnitten, im Vergleich zu den anderen REMabschnitten, als verringert auf. Dabei ist zu berücksichtigen, daß wir zur Analyse vorrangig „Epochs" herangezogen haben, in denen wenig Augenbewegungen aufgetreten sind, um das Einfließen von Augenbewegungsartefakten zu vermeiden. Die Anzahl der Herzschläge ist in den luziden Abschnitten erhöht; THETA tritt in den luziden Phasen in geringerer Ausprägung auf; ein höherfrequentes Hirnstrombild scheint luziden REMschlaf typischerweise zu begleiten (ALPHA und BETA).

Die Suche nach einem charakteristischen physiologischen Muster für den Luziditätsbeginn mußte in unserem Datenset als ergebnislos aufgegeben werden.

Die Ergebnisse der physiologischen Daten zur Unterscheidbarkeit von nicht luziden und luziden Fällen decken sich weitgehend mit denen von Stephen LaBerge (Kap. 5): luzider REMschlaf ist von größerer Aktivierung begleitet als REMschlaf allgemein und die Anzahl der Herzschläge ist größer.

Interpretativ würde ich sagen, daß es sich beim luziden Träumen um einen höher aktivierten REMschlaf handelt, paradoxer als der paradoxe Schlaf, einer Nische vor dem Überschreiten eines Limes, nämlich dem Erwachen. Jedenfalls kann als gesichert bezeichnet werden, daß es sich auch beim luziden Schlaf um REMschlaf handelt, der sich vom Wachzustand eindeutig unterscheiden läßt.

Um genauere Unterschiede der Hirntätigkeit in bezug auf den Ort der Messung feststellen zu können, habe ich verschiedene statistische Verfahren über den ALPHA- und BETA1bereich durchgeführt, da Hinweise auf Unterschiede innerhalb dieser beiden Frequenzbänder aus früheren Untersuchungen vorhanden sind (LaBERGE, in Kap. 5; POSNER, in Kap. 4).

Zur Überprüfung wurden 42 nicht luziden mit 36 luziden „Epochs" aus denselben REM-Abschnitten mittels MANOVA verglichen, um etwaige Haupteffekte zu finden. Die Homogenität der Varianzen wurde mittels Cochran- und Bartlett-Boxtest überprüft und hat sich als haltbar erwiesen.

Es handelt sich dabei um eine dreifache Varianzanalyse.

Wie aus der Analyse der Haupteffekte zu erwarten war, ergab sich ein signifikanter Gruppeneffekt, nimmt man alle vier BETA1ableitungen zusammen (F = 4.23, df1 = 228/df2 = 3, p = 0.006).

Die vier BETA1ableitungen wurden nach zwei Lokalisationsdimensionen aufgespannt: frontal – parietal sowie rechts – links.

Neben diesen beiden Faktoren mit Meßwiederholungen (abhängige Stichproben) wurde auch die Gruppierungsvariable „Luzidität" berücksichtigt, um die auch oben getroffenen Aussagen in bezug auf Luzidität präzisieren zu können.

Die Varianzanalyse brachte folgende Ergebnisse:

Generell – unabhängig vom Auftreten der Luzidität – ergab sich bezogen auf die BETA1werte keine signifikante Wechselwirkung zwischen den Lokalisationsdimensionen.

Im Vergleich zwischen frontal-parietal ergab sich über die Gruppen „luzide"/„nicht luzide" ein signifikanter Unterschied (F = 6.23, df1 = 76/df2 = 1, p = 0.015).

Bei der Berechnung der Unterschiede wurden, wie erwähnt, die standardisierten Werte herangezogen, um die Unterschiede zu veranschaulichen, werden in der folgenden Graphik die mittleren Absolutwerte und darunter die Standardabweichung luzider und nicht luzider Abschnitte aufgelistet:

	F3BETA1	F4BETA1	P3BETA1	P4BETA1
REM				
mittel	7.171	15.963	12.761	14.037
std	3.906	14.091	12.058	14.668
REM LUZID				
mittel	8.18	13.163	19.398	18.323
std	7.777	9.581	26.761	20.469

BETA1 IN NICHT LUZIDEM REM - SCHLAF

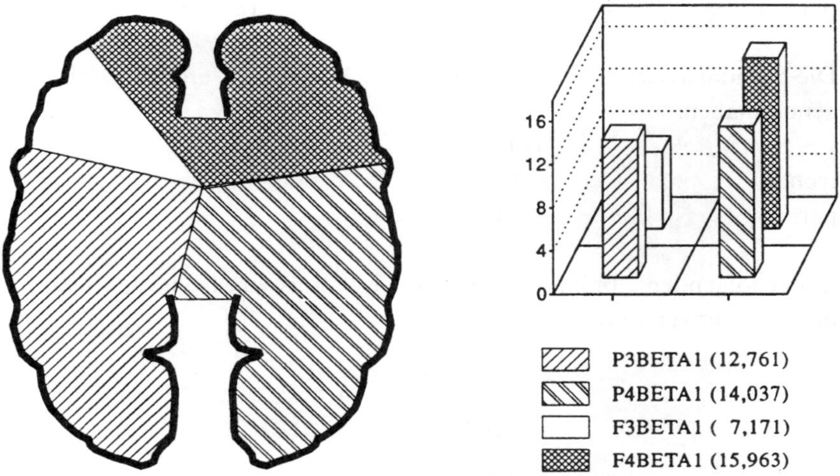

BETA1 IN LUZIDEM REM - SCHLAF

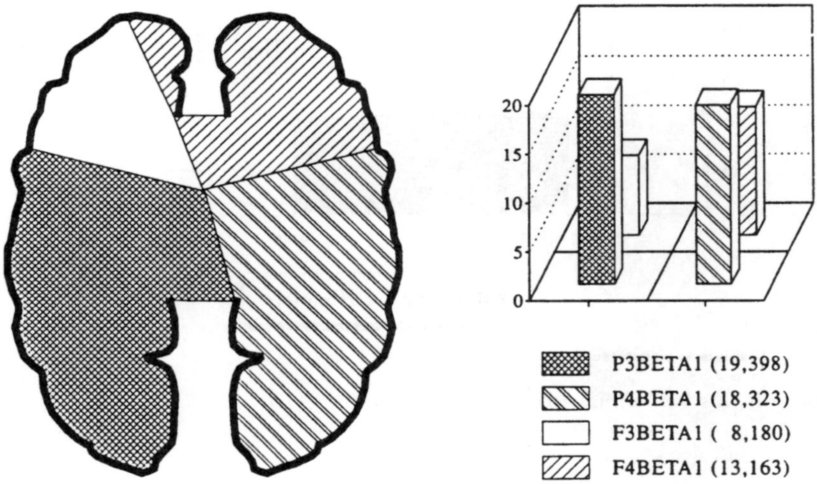

Abb. 23: *Luzide – nicht luzide Fälle und deren Aktiviertheit im BETA1bereich über 4 Kanäle.*

Für frontal/parietal ergab sich aus den absoluten Mittelwerten:

	nicht luzid	luzid
frontal	11.567	10.6715
parietal	13.393	18.8605

Die Standardwerte, errechnet nach dem Mittelwert, ergaben sich folgendermaßen:

	nicht luzid	luzid
frontal	– 0.039	– 0.13
parietal	– 0.187	0.07

In der folgenden Abbildung wird das Verhältnis von frontal/parietal in den Absolutwerten dargestellt:

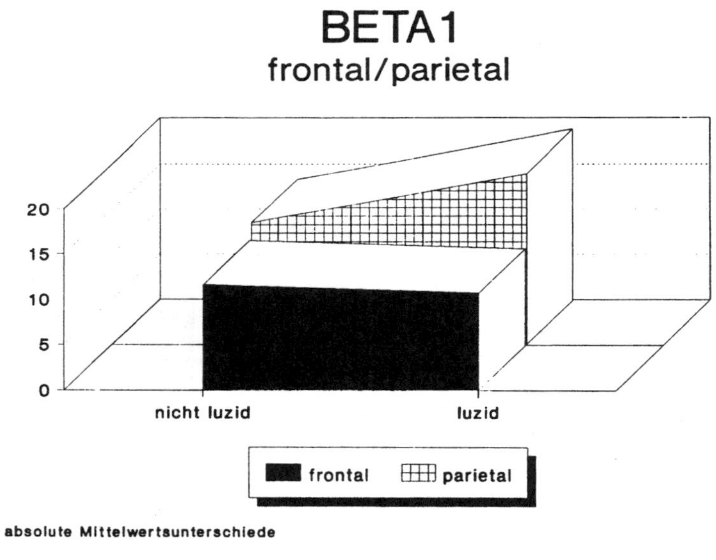

Abb. 24: *Das Verhältnis „frontal/parietal" im BETA1band.*

Auch bei diesem Auswertungsschritt ergab sich als Unterscheidungsmerkmal zwischen luziden und nicht luziden Fällen das BETA1band, und zwar in folgender Ausprägung:

Aus der Analyse ergab sich das Verhältnis **frontal/parietal mit 1 : 1.5 bei nicht luziden Fällen**, bei den **luziden etwa 1 : 2.**

Der für die vorliegende Arbeit relevante Effekt liegt also in der signifikanten Wechselwirkung des Luziditätsfaktors mit der Dimension frontal – parietal. Während im Frontalbereich die BETA1wellen der luziden Fälle im Vergleich zu den nicht luziden geringfügig verringert sind, ist im Parietalbereich Luzidität mit einer wesentlich höheren BETA1aktivität (einziger positiver Wert unter den Standardwerten) verbunden als Nichtluzidität.

Bei näherem Besehen hat sich also auch im ALPHA-Bereich gezeigt, daß höhere Aktivität in der rechten Hemisphäre, hier besonders parietal (seitlich hinten) für den REMschlaf allgemein (luziden und nicht luziden) charakteristisch ist. Der rechten Hemisphäre werden, wie erwähnt, mentale Vorstellungsfähigkeit und Kreativität zugeordnet – Vorgänge, die „bildhaft" sind.

Zwischen nicht luzid und luzid ließen sich nach meinen Daten keine signifikanten Unterschiede im ALPHAbereich feststellen, wohl aber im BETA1bereich:

Insgesamt zeigte sich, daß im luziden Zustand die Tätigkeit im parietalen BETA1bereich erhöht ist. Daß sich im luziden Zustand eine erhöhte Aktiviertheit im P3 hat feststellen lassen, steht wiederum im Einklang mit Ergebnissen von Stephen LaBERGE. Dieser lokalisierte in einer Pilotstudie im luziden Zustand (Kap. 5) Unterschiede im höherfrequenten Bereich in P3, brachte dies mit der Plazierung des Sprachzentrums in Zusammenhang und meinte, daß im luziden Traum kognitive und Sprachleistungen ausschlaggebend zum Erlangen des Zustandes beitragen.

Spekulativ-romantisch möchte ich diese Ergebnisse damit erklären, daß eine Dimension wie Vorstellungvermögen, die „bildhaft" ist, in Träumen wesentlich ist, im luziden Traum aber eine kognitive Leistung hinzukommt: Aufmerksamkeit („attention", siehe POSNER in Kap. 4.3), eine Art Erkennen von Bewußtseinslage, womöglich in Form einer in Worte gefaßten Erkenntnis: „Träume ich? – Ich träume!"

So könnten etwa Sprache im Traum und ein Sich-im-Traum-finden eine besonders im linken Parietalbereich erhöhte BETA1aktiviertheit erklären. Wenn man BETA1aktivität als Korrelat höherer Hirnaktivität betrachtet, könnte man durchaus auf DAVIDSONs (Kap. 4.3) These zurückgreifen: Er findet Asymmetrien im posterioren Hirnbereich bei kognitiven Leistungen, besonders in Zusammenhang mit Sprache. POSNER (Kap. 4.3) ortet im parietalen Bereich ein Zentrum für Aufmerksamkeit.

Lange wissen wir schon, daß sich im linken Parietalbereich ein Sprachzentrum befindet, nämlich das WERNICKsche Sprachzentrum (WERNICKE, 1874) – es gilt als das Zentrum für Wortfindung, dem Wortverständnis. Vielleicht wird im Traum nach den Worten „Ich träume" gesucht und damit verstanden, daß man sich in einem Traum befindet, daß der luzide Traum begonnen hat.

6. Wozu luzide träumen?

Das Träumen wird oft als direkter Zugang zum Unbewußten bezeichnet. Daraus ergeben sich alle möglichen Spekulationen darüber, was uns entgeht, wenn wir unseren Träumen keine Beachtung schenken. Fünf Bereiche stehen dabei im Vordergrund: der eventuelle therapeutische Nutzen, das Trainieren sportlicher Fertigkeiten, der Zugriff zum vermeintlichen Ursprung von Kreativität, das Ausleben hedonistischer Wünsche und für manche Menschen die Entwicklung von Spiritualität. Auf die mögliche therapeutische Anwendbarkeit wird im folgenden noch eingegangen. Zum Trainieren von Sport sei nur gesagt, daß dabei nicht das mechanische Einüben einzeln aufgliederbarer Abläufe gemeint ist, sondern viel eher eine Schulung des Raum-Lage-Gefühls (THOLEY 1987, S. 203). Eventuelle Problemlösungsversuche, hedonistische Ausflüge und die Entwicklung der eigenen Spiritualität überlasse ich dem Experiment und Urteil des Lesers!

Nicht zuletzt ist aber die Anwendbarkeit des luziden Träumens in der Forschung, insbesondere der Hirnforschung, herauszustreichen: So können Inhalte von Träumen mit ihren unmittelbaren physiologischen Korrelaten verglichen werden. Was die Anwendbarkeit von luziden Träumen betrifft, sind der Phantasie gleichsam keine Grenzen gesetzt!

6.1 Traum und Therapie

Ich gehe davon aus, daß das Gehirn aus allen möglichen Signalen Sinn und Bedeutung kreiert. Man reimt sich gewissermaßen seinen eigenen Film aus den eintreffenden Signalen, je nach innerer Infrastruktur, zu der wahrscheinlich auch das „Lebensskript" zu zählen ist. Dafür ist aber beides erforderlich: zufälliger Stimulus und sinngebende Deutung. Beides wird neuronalen assoziativen Prozessen zugeschrieben; wobei aber auch diese Antwort gleichzeitig hunderte von anderen Fragen aufwirft.

Es gibt Studien, die einige Ähnlichkeiten zwischen REMperioden (Träumen) und Geisteskrankheiten, wie z. B. Schizophrenie, aufzeigen. Patricia CARRINGTON (1972) hat 60 Frauen, davon 30, die als schizophren, und 30, die als nicht schizophren diagnostiziert worden sind, untersucht und die Träume beider Gruppen verglichen. Dabei stellte sie fest, daß die Träume der Schizophrenen den Eindruck einer akuten Not- oder Streßsituation vermittelten, während die Träume aus der Kontrollgruppe eher Alltagssituationen widerspiegelten, die im großen und ganzen weniger aufregend empfunden worden sind. Außerdem zeigten sich in den Träumen der Schizophrenen oft physische Aggression und Bedrohungen aus der Umwelt gegen das Traum-Ich.

Dieses Ergebnis wirft die Überlegung auf, ob der Inhalt von Träumen eventuell als Diagnostikum Verwendung finden könnte!

Es wurde auch schon gezeigt, daß Personen mit akuter Schizophreniesymptomatik einen deutlichen Abfall der REMzeit aufweisen (KUPFER et al. 1970; FEINBERG et al. 1964), während die Remission der Symptome mit einer Erhöhung der REMzeit verbunden ist (GULEVITCH et al. 1967). Außerdem soll der Inhalt der Träume Schizophrener stumpfer, angenehmer, einfacher, statischer und weniger bizarr als der „normaler" Versuchspersonen sein (DEMENT 1955; CARTWRIGHT 1972; OKUMA et al. 1970; KRAMER et al. 1970).

GULEVITCH et al. haben 1967 außerdem nachgewiesen, daß Versuchpersonen mit aktiver Schizophreniesymptomatik keine REMrebounds aufweisen. Vielleicht ist ein Körnchen Wahrheit in dem althergebrachten Glauben, daß Verrücktheit ein Träumen während des Tages sei, und uns die Träume der Nacht vor dem Verrücktwerden bewahren. Die Ansicht, daß Träume und Psychose eng zusammenhängen, war lange Zeit weitverbreitet. Möglicherweise kann über den Traum mehr zu wissen, einen Schlüssel zum Verständnis zur Verrücktheit sein – phänomenologisch und physiologisch.

6.1.1 Der luzide Traum als Technik der Psychotherapie

„Ich befinde mich in meiner Wohnung. Der Küchenplafond ist verschwunden. Ich sehe den Dachboden, der aus Holz ist und durchlässig scheint. Von ganz oben kommen Sonnenstrahlen herein. ‚Aber da kann doch jeder in meine Wohnung, da muß ich von nun an Reisepaß und Geld immer mit mir herumtragen!', denke ich. Ich sehe auf dem oberen Geschoß eine Art Bettstatt. ‚Da haben sich ja ein paar ‚Sandler' häuslich niedergelassen! Irgendetwas stimmt da nicht! ... Träume ich? Ja, vielleicht!' Ich spüre, wie sich die Szene verdunkelt, verschwimmt. Ich meine, d'rauf und d'ran zu sein, wach zu werden. Jetzt drehen! Mein Traum-Ich um die eigene Achse drehen! LaBER-

GE empfiehlt das, um in den Traum zurückzukommen. Tatsächlich finde ich mich in ähnlichen Räumen wieder. Ich träume und weiß, daß ich träume, jetzt kann ich experimentieren! Ich sehe viele junge Leute hier, alle ganz nach meinem Geschmack, Männer und Frauen. Was ist da im Nebenzimmer? Ein Rottweiler mit Herrl. Vor diesen Hunden fürchte ich mich! ‚Bleib' stehen, schau' dir den Hund an.' Ich starre ihn an und tatsächlich, was ich so oft gelesen und erzählt bekommen habe, scheint sich hier vor mir zu vollziehen: der Rottweiler verformt sich, wird größer, wird zu einem rostbraunen etwas aus grobem Stoff. Der ist ja ungeheuer verspielt! Er richtet sich auf, und heraus schält sich ein Kopf aus dem Stoff. Ein junger Mann! Jetzt marschiere ich weiter. Ich habe mir immer vorgenommen, Traumfiguren zu bitten, mich in künftigen Träumen daran zu erinnern, daß ich träume. Ich drehe mich um. Ein eher vergeistigter Jüngling steht hinter mir. Der ist der Richtige! Auf meine Bitte gibt er mir keine richtige Antwort, so als ob mein Ansinnen absurd wäre. Ich frage die Leute, wer sie sind. Sie verziehen alle das Gesicht auf meine Frage: ‚Das siehst du doch. Wieso stellst du so dumme Fragen?' Etwas entmutigt setze ich den Spaziergang durch meinen Traum fort. Ich könnte mich jetzt eigentlich mit meiner Dissertation beschäftigen. Na ja, ich arbeite ja gerade am experimentellen Teil, das ist zu rational, dafür muß ich den Traum nicht bemühen. Erstaunlich, jetzt träum' ich sicher schon über eine halbe Stunde und weiß, daß ich träume. Wie anstrengend! Mal sehen, ob ich Allan, einen meiner Lehrer, treffen kann. Ich versuche, ihn mir ‚herzudenken', wie mühsam! Ich steuere einem anderen Zimmer zu, das ein bißchen weiter oben liegt und durch eine Schräge von meinem Standpunkt getrennt ist. Ich sehe Allan nur schemenhaft. Dennoch freue ich mich und springe ihm in linksgedrehten Rotationssprüngen entgegen. Ich merke die Anstrengung der Konzentration und beschließe, den Traum zu beenden, mich umzudrehen und weiterzuschlafen.'"

Dies war die Beschreibung eines meiner Klartraumerlebnisse, ein Zustand großer Freude und Freiheit.

Paul THOLEY, der im deutschen Sprachraum wohl bekannteste Oneironaut ist Gestalttheoretiker und durch seine Überlegungen über die (Wahrnehmung der) Wirklichkeit zum Klarträumer geworden. Die Wirklichkeit, wie sie von der Gestalttheorie aufgefaßt wird, bildet sich in unseren Köpfen ab, sie wird tagsüber von äußeren Einflüssen genährt, nächtens spiegelt sie sich ungestört als unsere ureigenste Kreation in unseren Träumen wider.

Diese Feststellung regt zu vielen Überlegungen und Fragen an, die man derzeit nicht zufriedenstellend beantworten kann: Ist der Traum wirklich frei von „äußeren" Einfüssen? Bildet der Traum die phänomenale Wirklichkeit ab? Oder entstehen diese Traumbilder rein zufällig, durch beliebige Reize aus dem Hirnstamm hervorgerufen, die sich „automatisch" im REMschlaf entladen? Ist es überhaupt wünschenswert, ins Traumgeschehen eingreifen zu können, oder sollte das „Unbewußte" ungestört bleiben? All das sind ungeklärte und höchst faszinierende Fragen, die ungeahnte Aufschlüsse über uns und unser Wahrnehmen versprechen.

Stephen LaBERGE, dem führenden Experten im englischen Sprachraum, der sich vorwiegend experimentellen Untersuchungen in seinem Labor an der Stanford University widmet und derzeit versucht, die Induktion von Klarträumen zu instrumentalisieren, schreibt in seinem Buch „Lucid Dreaming" (1985, S. 167):

> "As they appear to me today, applications of lucid dreaming generally fall into four broad areas: scientific exploration; health and inner growth; creative problem solving, rehearsal, and decision making; wish fulfillment and recreation." (Üs. d. Verf.: Heute bin ich der Auffassung, daß sich die Anwendungsmöglichkeiten des Klarträumens grob in vier Bereiche unterteilen lassen: wissenschaftliche Forschung, Gesundheit und inneres Wachstum, kreatives Problemlösen, Wunscherfüllung und Regeneration.)

In diesem Kapitel möchte ich besonders den zweiten Punkt dieser Aufzählung beleuchten, den LaBerge als „Gesundheit und inneres Wachstum" bezeichnet, und von dem der vierte Punkt „Wunscherfüllung und Regeneration" nicht ganz getrennt werden kann.

6.1.1.1 Wissenschaftliche Beiträge

Um zunächst einen Eindruck zu vermitteln, inwiefern Träume einen heilenden Effekt auf unser Leben ausüben können, möchte ich kurz die Studie von Deirdre BARRETT, die als Psychologin an der Harvard Medical School tätig ist, zusammenfassen. In dieser Studie, durchgeführt im Frühjahr 1990, wurden die Träume von depressiven und nicht depressiven weiblichen Studentinnen verglichen.

Dabei ergab sich, daß sich Depressive weniger an Träume erinnern, die Dauer ihrer Träume kürzer ist, Wut in ihren Träumen seltener aufscheint und daß weniger Traumfiguren, besonders weniger fremde Traumfiguren in ihren Träumen vorkommen.

Bei der Übersicht vorangegangener Studien zeigt sich, daß die Träume Depressiver im allgemeinen kürzer sind und der Inhalt als eher langweilig bzw. eintönig berichtet wird (KRAMER et al. 1965; Van de CASTLE und HOLLOWAY 1971; TRENHOLME et al. 1984; CARTWRIGHT et al. 1984; HAWKINS und MENDELS 1966; REYNOLDS et al. 1982; LANGS 1966). Der Inhalt der Träume Depressiver zeigt eine Tendenz zu negativen Ereignissen und unangenehmen Affekten (BECK und HURVICH 1959; BECK und WARD 1961; HAURI 1976). Die Träume der Depressiven weisen mehr direkt depressive Inhalte auf, wie geringes Selbstbewußtsein, sich-schuldig-fühlen, Kritik an sich selber und Hoffnungslosigkeit (KRAMER et al. 1965; Van de CASTLE und HOLLOWAY 1971), sollen aber, was nicht depressive Inhalte betrifft, recht karg sein (KRAMER et al. 1966). Nur eine frühe Untersuchung von MILLER (1969) zeigte ein etwas anderes Ergebnis: Die Träume stark Depressiver seien außergewöhnlich lustvoll, nur in Phasen der Besserung tauchen Unglück und Konflikt mit anderen Traumfiguren auf.

BARRETTS Studie unterstützt die Schlußfolgerungen früherer Untersuchungen im großen und ganzen: Depression wirkt sich auf Träume insofern aus, daß sich die Anzahl der geträumten Details verringert; generell dürften weniger Träume behalten werden; es tauchen weniger Figuren in den Träumen auf, besonders weniger Fremde. Die Zuwendung dürfte sich von externen Objekten zurückgezogen haben und wenn vorhanden, sich an Objekte aus der Vergangenheit richten, die mit Abhängigkeiten verbunden sind. Die Korrelation von Depression und unangenehmen Trauminhalten, bis auf Wut, konnte in dieser Studie nicht verifiziert werden.

Harry FISS, ein amerikanischer Psychologe, der, in Wien geboren, 1939 hatte flüchten müssen und nach journalistischer Tätigkeit Psychologe mit einer Vorliebe für Träume geworden ist, hat an der Hartford University eine Studie mit Alkoholikern durchgeführt. Dabei ergab sich, daß diejenigen, die ihre Sucht unter Kontrolle bringen konnten, von Alkoholkonsum in genußvoller Weise träumten, während die, deren Suchtverhalten nicht geändert werden konnte, im Traum tranken, dabei aber von Schuldgefühlen geplagt waren.

6.1.1.2 Der luzide Traum im Lichte psychotherapeutischer Schulen

Mit der Gestalttheorie und dem theoretischen Hintergrund der Gestalttherapie scheint das Phänomen des Klartraums am besten versteh- und integrierbar. Deshalb erscheint das Thema für die Gestalttherapie von besonderem Interesse.

Wenn wir zunächst andere therapeutische Schulen betrachten, die eine gewissen Nähe zum Klarträumen vermuten lassen (Verhaltenstherapie, Psychoanalyse, Katathymes Bilderleben), so dürften sich kurz skizziert folgende Überschneidungen bzw. theoretische Hintergründe ergeben:

Beim Erlernen des luziden Träumens spielt Konditionierung eine wesentliche Rolle. Während des Klarträumens liegt die Möglichkeit des Probehandelns auf der Hand. Diese Möglichkeiten und Ideen kommen aus der ***Verhaltenstherapie*** und dürften deshalb ohne Schwierigkeit in die theoretischen kognitiv-behavioralen Konzepte integrierbar sein.

Neben der Konditionierung ist die (Auto)-Suggestion als Methode, das luzide Träumen zu induzieren sehr wirksam. Den Konzepten der ***Hypnose*** und ***Hypnotherapie*** dürfte die Idee des Klartraumes als psychotherapeutische Technik nahe stehen, da in der Hypnose und Hypnotherapie der Klient in die Welt der Suggestionen und Bilder geführt wird.

Der ***Psychoanalyse*** ist vermutlich die Idee, den Traum willentlich zu beeinflussen, fremd. Dennoch ist der Traum ein wesentlicher Schlüssel in der Psychoanalyse und wird bisweilen gedeutet. Im Klartraum weiß der Träumer per definitionem die dem Traum innewohnende Bedeutung während er noch träumt, quasi an „Ort und Stelle“ und kann so selber deuten und erkennen, was der Theorie der Psychoanalyse entsprechen müßte.

Ein großes Näheverhältnis besteht zwischen dem Klarträumen und dem ***Katathymen Bilderleben*** – entworfen von Hans Carl LEUNER. Der deutlichste Unterschied ist, daß die Welt der Bilder beim KB aus dem Wachzustand eingeleitet wird und manchmal unklar ist, ob der Klient noch wach ist oder eingeschlafen ist und der luzide Traum im Schlaf beginnt und auch während des Schlafes stattfindet, eben geträumt wird. Der Träumer ist direkt im Traumgeschehen, in der Welt der Traumbilder. Die Physiologie aller Schlafprofile ist deutlich vom Wachzustand unterscheidbar. Ein Traum „fühlt sich“ phänomenologisch eben wie ein Traum an.

Dieses Erleben wird auch beim Katatymen Bilderleben oft beschrieben, obwohl dies im Wachzustand erfolgt. Eine differenzierte Unterscheidung physiologisch und phänomenlogisch, also welche typischen Merkmale die Traumwelt charakterisieren, wäre sicherlich ein unschätzbarer Schlüssel, um die Schwelle zwischen Wach und Schlaf zu enthüllen.

Dennoch stoßen sich Psychotherapeuten verschiedener Schulen am Gedanken das **Unbewußte bewußt** zu erleben, insbesondere die Nachfolger C. G. JUNGS, die dem Klarträumen ansonsten großes Interesse entgegenbringen, zeigen sich besorgt über dieses „Eingreifen", diese Möglichkeit dem „Schatten" willentlich begegnen zu können. Dies wird immer wieder mit „vermeidender Kontrolle über den Traum" vermischt. Und immer wieder tauchen Fragen auf, wie:

- „Wird der Fluß des Unbewußten gestört, wenn wir in unsere Träume eingreifen?"
- „Darf man Träume beeinflussen?"
- „Ist das luzide Träumen nicht ein Durchbrechen von Abwehr und in diesem Sinne gefährlich?"

Spätestens seit der Diskussion über „gelernte Hilflosigkeit" ist bekannt, daß Kontrollverlust krankheitserregend wirken kann. Nicht gemeint ist hier: Kontrolle als Vermeidung, sondern die Gewißheit, daß man selbst für die Gestaltung der Wach-, und der Traumwirklichkeit zuständig ist; und daß man nicht fremden Mächten ausgeliefert ist, sondern selbst immer wieder entscheiden kann.

Der Gedanke, daß der Gewinn von Kontrolle in diesem Sinne Streß reduziert und somit gesundheitsfördernd wirkt, liegt nahe. Das gilt besonders für die Prävention.

Diese Kontrolle kann zur Abwehr werden, dennoch ist das Klarträumen kein Abwehrmechanismus an sich. Die Art des Umgangs und der Anwendung bestimmt die Wirkung. So scheint das Klarträumen unter bestimmten Voraussetzungen – im „vortherapeutischen" Bereich bei der Persönlichkeitsentwicklung oder Psychohygiene – genauso sinnvoll beim quasi Gesunden. (Auf Definitionsversuche zum Gesundheits- bzw. Krankheitsbegriff möchte ich hier verzichten.)

Der Träumer kann Unangenehmes auch im Klartraum vermeiden: Er kann Dinge einfach nicht wahrnehmen, sich selber Schaden zufügen, oder flüchten: der Umgang mit dem luziden Träumen entspricht vermutlich der Persönlichkeitsstruktur.

Das Spektrum ist breit: Luzides Träumen kann auf der einen Seite zur Erforschung eigener Tiefen und Höhen dienen. Auf der anderen Seite könnten Menschen mit einer starken Neigung zum Realitätsverlust noch verwirrter werden. Stephen LaBERGE vertritt dazu die Ansicht, daß das luzide Träumen den jeweiligen Zustand sogar klarer erlebar macht. Mehr Differenzierung sollte durch vorsichtige Anwendung von luziden Träumen in der Psychotherapie und durch vermehrte Forschung möglich werden.

6.1.1.3 Das Träumen in der Gestalttherapie

Spricht man von der Anwendbarkeit von luziden Träumen, erheben sich zunächst zwei Aspekte: auf jenen der **Selbstintegration** möchte ich später noch eingehen; der andere ist der des **bewußten Erlebens des Unbewußten,** wenn man mit Freud annimmt, daß Träume die via regia zum Unbewußten darstellen. Dies wird immer wieder mit „Kontrolle über das Träumen" vermischt und voller Ängstlichkeit und Vorbehalt diskutiert: Wird der Fluß des Unbewußten gestört, wenn wir in unsere Träume eingreifen? Darf man denn so etwas? Beraubt man den Traum seines Wesens? Ich möchte all diese Bedenken schlicht negieren. Klarträumen ist kein Abwehrmechanismus per se, sondern ein mögliches Medium der Psychotherapie. Denn obwohl der Träumer im Traum tun kann, was er will, bedarf es tagsüber dennoch der Anleitung und Unterstützung eines Therapeuten. Der Träumer kann Unangenehmes auch im Klartraum vermeiden, oder Dinge einfach nicht wahrnehmen, der Umgang mit dem luziden Träumen wird seiner Persönlichkeit entsprechen.

Zu der Überlegung, daß man dem Unbewußten sein Wesen raube, erlebt man **ES** bewußt, kann ich nur auf meine eigene luzide Erfahrung zurückgreifen: mein Eindruck ist nicht, daß das Unbewußte etwas verliert, sondern ganz im Gegenteil eine andere Dimension dazugewinnt. Der Traum verliert nichts an Lebendigkeit, er ist nach wie vor unvorhersehbar. Entschließt man sich zum Beispiel, im Traum eine Tür zu öffnen, so wird es immer eine Überraschung bleiben, ob und was sich dahinter in welcher Form eröffnen wird! In diesem Zusammenhang wirft sich vielmehr die Frage auf, was wir denn unter dem Unbewußten wirklich verstehen sollen? Es scheint an der Zeit, diesen so bedeutenden Begriff zu überdenken! James SIMKIN, der gemeinsam mit Fritz PERLS das Gestalt-zentrum „Esalen" in Big Sur aufgebaut und geleitet hat, meinte dazu in seinen „Minilectures" (1976, S. 17):

> "The theoretical model of the psychodynamic schools of personality chiefly the Freudian school envisions the personality like an onion consisting of layers. Each time a layer is peeled away, there is still another layer until you finally come to the core. I envision the personality more like a rubber ball which has only a thick outer layer and is empty inside. The ball floates or swims in an environment so that at any given moment only a portion is exposed while the rest is submerged in the water. Thus rather than inventing an unconscious or preconscious to account for behavior that we are unaware of, I suggest that unaware behavior is the result of the organism not being in touch with its external environment due to its being mostly submerged in its own background (internal environment), or fantasies." (Üs. d. Verf.: Das theoretische Modell der psychodynamischen Persönlichkeitsschulen, allen voran die der Freudschen Schule, stellen sich Persönlichkeit wie eine Zwiebel vor, die aus mehreren Lagen besteht. Jedesmal, wenn eine Lage geschält ist, taucht eine neue auf, bis man endlich zum Innersten vorstößt. Ich stelle mir Persönlichkeit mehr wie einen Gummiball vor, der nur eine dicke äußere Haut hat und innen leer ist. Der Ball schwimmt oder treibt in einer Umgebung, so daß zu jedem beliebigen Zeitpunkt nur ein Teil sichtbar ist, während der Rest untertaucht. Statt Un- oder Vorbewußtes zu erfinden, um sich Verhalten zu erklären, dessen wir uns nicht gewahr sind, schlage ich vor, daß unbewußtes Verhalten das Resultat eines Organismus ist, der mit seiner Umgebung nicht in Verbindung steht. Dies ist darauf zurückzuführen, daß der Organismus hauptsächlich in seinem eigenen Hintergrund (interner Umgebung) oder seiner Phantasiewelt untergegangen ist.)

Dieser „Zwiebelvergleich" scheint mir sehr anschaulich, obgleich man sich darüber streiten kann, ob der Gummiball wirklich leer ist, oder ob vielmehr auch Faktoren wie Fokus und Gewicht das Fließen und die Drehungen des Balls bestimmen oder auch „willentlich" beeinflussen können.

Zum Aspekt der **Selbstintegration** schreibt James SIMKIN in seinen „Minilectures" weiters (1976, S. 89):

> "According to the Gestalt therapy framework, everything in your dream is some aspect of yourself, and in effect when you are dreaming, you are writing your own script. ... Most therapies see the dream as a disguised message. In Gestalt therapy, the message is an

existential existence. ...” (Üs. d. Verf.: Nach dem Denken der Gestalttherapie ist alles im Traum ein Aspekt der Persönlichkeit des Träumers, und so schreibt man, wenn man träumt, sein eigenes Lebensskript. ... Die meisten Therapieformen interpretieren den Traum als eine verschlüsselte Nachricht. In der Gestalttherapie ist die Nachricht von essentieller Existenz. ...)

Demnach stellt der Traum also eine Möglichkeit dar, **abgespaltene Anteile** sichtbar zu machen und eröffnet damit das Potential, diese in die Persönlichkeit zu integrieren. Was bedeutet das nun für den Klartraum? In diesem Zustand wissen wir ja, daß wir träumen, und können entscheidend ins Geschehen eingreifen. Man kann also gleichsam an Ort und Stelle eine Integration einleiten. Ich erinnere an den eingangs beschriebenen Traum, indem ich mir bewußt bin, daß ich träume, und es mir daher erlauben kann, vor dem Rottweiler nicht davonzulaufen, sondern stehen zu bleiben und abzuwarten. Der Rottweiler verwandelt sich in etwas Verspieltes und wird schließlich zu einem Jüngling, vor dem ich meine Angst verlieren kann.

Beim Lesen der Minilectures ist mir noch eine weitere Interpretations-möglichkeit der Wach- und Traumwelt ins Bewußtsein gekommen, nämlich die von **Figur und Hintergrund**, wobei die Zuordnung vom Blickwinkel abhängig ist: das Wachleben als Figur und das Traumleben als Hintergrund würde nach SIMKIN dem Skriptmodell entsprechen; der Traum als Figur und das Wachleben als Hintergrund würde wohl der „Traumarbeit“ in einer Therapiesituation entsprechen.

PETZOLD (1977, S. 149) beschreibt seine Gedanken dazu: „Der Traum ist ein Weise des In-der- und Zur-Welt-Seins des Menschen. Die Welt ist sein Hintergrund, den er „bewoht“, aus dem er hervorgeht und auf den er gerichtet ist.“

Zusammenfassend, bzw. ergänzend möchte ich noch einige Gesetze der Gestalttheorie (METZGER, 1975) und Aspekte der Gestalttherapie und Integrativen Therapie nennen, in denen mir das Konzept des Klarträumens gut integrierbar scheint:

- Im Klartraum wird je nach **„Gefordertheit der Lage“** und nicht nach einem konstruierten Prinzip interveniert;
- Das Modell **Vordergrund/Hintergrund** läßt sich im Wachleben genauso wie im Traumleben wiederfinden;

- **Die Tendenz zur guten Gestalt** ist als Gesetzmäßigkeit akzeptiert (luzides Träumen als Möglichkeit einen Traum eigenständig „abzurunden“);
- **Eigenverantwortlichkeit** ist Thema: der Träumer gestaltet seine Träume und handelt selbst in seinen kühnsten Träumen eigenverantwortlich;
- Das Vertrauen des Gestaltansatzes in den **Selbstheilungsprozeß** ermöglicht den Traum als Medium der Eigentherapie sinnvoll und ohne komplizierte Deutungen für die Einleitung der Selbstheilung anzuwenden;
- Nach Perls steht das **Phänomen** (des Traumes) und nicht die Interpretation im Vordergrund: in der Unmittelbarkeit des (Traum-)Erlebens wirkt der Träumer sowohl als Betroffener wie auch als Handelnder. Eine darübergeschobene Ebene wie etwa die Interpretation durch den Therapeuten wird überflüssig;
- Die Gestalttheorie sowie die Gestalttherapie und Integrative Therapie können im Gegensatz zur Psychoanalyse, durch ihr **ganzheitliches Konzept** den Gedanken zulassen, daß das Unbewußte per se (im Traum) mit dem Überbewußten bzw. den Ichinstanzen gleichzeitig auftreten kann; sogar **Topdog und Underdog** schließen einander in ihrer Präsenz und gegenseitigen Beeinflussung bzw. Abhängigkeit nicht notwendigerweise aus. Ganz im Gegenteil: es kann zur **Integration** kommen; PETZOLD (1977, S. 151) beschreibt seine Auffassung des psychotherapeutischen Umgangs mit Träumen: „Der Traum in seiner integrativen Funktion hat die Aufgabe 1. der Verarbeitung von Konflikten, 2. der Assimilation von abgespaltenen Elementen, 3. der Klärung von Konfluenzen, 4. der Artikulation von unerledigten Situationen, mit dem Ziel, daß Möglichkeiten gefunden werden, diese offenen Situationen zu schließen. 5. Schließlich hat der Integrationsprozeß im Traum einen evolutiv-kreativen Aspekt: er trägt zur Entfaltung der Persönlichkeit und ihrer Potentiale bei.“

Was scheint schließlich integrativer, als im Zustand tiefer Unbewußtheit, sich plötzlich all seiner Bewußtseins- und Handlungsmöglichkeiten bewußt zu werden und diese dann auch noch nutzen zu können? Überträgt man das psychotherapeutische Potential von luziden Träumen auf die „vier Ebenen der therapeutischen Tiefung“ der Integrativen Therapie (PETZOLD, 1977, S. 155), ergibt sich, daß die Ebene der Reflexion, die der Vorstellungen und Affekte, die der Involvierung im Traum und im Klartraum erlebbar und vollziehbar sind, die Ebene der autonomen Körperreaktion müßte unter der Prämisse, daß die Verbindung zur Körpermotorik, bzw. der Sensu-motorische Regelkreis, wie THOLEY ihn nennt unterbrochen, bzw. eingeschränkt ist und somit nur zum Teil durchlebt und verändert werden kann.

Paul THOLEY, der im deutschen Sprachraum wohl bekannteste Oneironaut ist Gestalttheoretiker und wurde durch seine Überlegungen über die (Wahrnehmung der) Wirklichkeit zum Klarträumer. Die Wirklichkeit, wie sie von der Gestalttheorie aufgefaßt wird, bildet sich in unseren Köpfen ab. Sie wird tagsüber von äußeren Einflüssen genährt. Nächtens spiegelt sie sich von der Weiterleitung äußerer Reize weitgehend ungestört als unsere ureigenste Kreation in unseren Träumen wider.

Betrachtet man das Träumen als eine Art mentalen Verdauungsvorgang, macht Durchkauen, Lösen und Nährstoffe-Integrieren Sinn. Gegebenenfalls ist das Ferment „Bewußtsein“ beizumengen.

6.1.2 Der luzide Traum als Begleitung auf dem Weg zum Selbst

Im Sinne der Psychotherapie, jedenfalls im Sinne der Gestalttherapie, die sich prozeßhaft versteht, kann im Traum zu wissen, daß man träumt die Sicht der Dinge und von sich selbst entscheidend verändern.

Bei Alpträumen wird diese Möglichkeit des Klarträumens offensichtlich. Bekannterweise sind Kinder davon am meisten betroffen. Spontane Klarträume scheinen übrigens recht häufig nach Alpträumen zustande zu kommen. Nicht wenige meiner Freunde und Bekannten, denen ich vom Klarträumen erzählt habe, meinten, sie hätten solche Träume in der einen oder anderen Ausprägung und Intensität erlebt; entweder haben sie als Kinder unter Alpträumen gelitten und irgendeinen Weg aus diesem Horrorerleben gesucht, oder sie sind bewußt aus dem Traum aufgewacht oder aber haben den Traum entsprechend verändert, da sie ja wußten, daß das momentane Erleben ein Traumerleben war. ZADRA (1995) gelang es, in einer Studie nachzuweisen, daß das luzide Träumen als Behandlungs- und Bewältigungsstrategie bei wiederkehrenden Alpträumen erfolgreich eingesetzt werden kann.

Stephen LaBERGE meinte dazu in einer Ausgabe seines Newsletters „Night Light“ (Vol. 2, No. 1, Frühjahr 1990):

> “I believe the best place to deal with unpleasant dreams is in their own context, the dream world. We create our nightmares out of the

> raw material of our own fears. ... When afraid, we are expecting that something bad is likely to happen. Fears and expectations affect our waking lives, but even more so, they determine our dream lives. When in your waking life, you walk down a dark street, you may fear that someone will threaten you. However, for some dark figure to actually leap out at you with a knife depends on there really being some knife-bearing thug hiding in a nearby alley waiting for a victim. On the contrary, if you dream of walking down a dark street, fearing attack, it is almost inevitable that you will be attacked, because you can readily imagine the desparate criminal waiting for you. ... The only thing we have to fear in dreams is fear." (Üs. d. Verf.: Meiner Ansicht nach geht man mit unangenehmen Träumen am besten in ihrem eigenen Kontext um, nämlich der Traumwelt selbst. Wir schaffen unsere Alpträume aus dem rohen Material unserer eigenen Ängste. ... Wenn wir uns fürchten, nehmen wir an, daß voraussichtlich irgendetwas Schlimmes geschehen wird. Ängste und Erwartungen beeinflussen unser Wachleben, aber viel mehr: sie bestimmen unser Traumleben. Wenn man, wachend, eine dunkle Straße entlang geht, könnte man u. U. fürchten, daß etwas Bedrohliches auftauchen könnte. Ob jedoch tatsächlich eine dunkle Gestalt, womöglich mit einem Messer bewaffnet, aus der Dunkelheit hervorspringen kann, hängt natürlich davon ab, ob wirklich ein Gangster hinter einer Ecke lauert und auf sein Opfer wartet. Träumt man aber davon, eine dunkle Straße entlang zu wandeln und fürchtet sich vor einem Überfall, ist der Überfall fast unvermeidbar, da man ja den Übeltäter geradezu imaginiert, der auf einen wartet. ... Das einzige, was wir in unseren Träumen wirklich fürchten müssen, sind unsere Ängste.)

Hier beschreibt LaBERGE also einen Weg, die Konstruktion des Trauminhaltes zu verstehen; er führt Geschehnisse, hier im speziellen Vorkommnisse in einem Alptraum, auf die Erwartungshaltung zurück. Auch ich bin der festen Überzeugung, daß die Erwartungshaltung bei der Entwicklung des Traumgeschehens entscheidend ist. Des weiteren führt er aus, daß der Angstreflex den Anstoß gibt, die Umgebung und Umstände zu beachten, um etwaige Handlungsmöglichkeiten auszuloten, sich einen Überblick zu verschaffen und das momentane Bewußtsein zu erweitern. Dies führt im Traum auch tatsächlich oft zum Luzidewerden und macht das Handlungsspektrums des Träumers in der Traumdimension nahezu unendlich vielfältig.

Das luzide Träumen hat erst in den letzten zehn bis zwanzig Jahren Beachtung in der Öffentlichkeit gefunden. Da es ein wenig Mühe erfordert, diese Technik zu erlernen, gibt es leider erst wenig Erfahrungen im klinischen Bereich. Mir sind zwei Therapeuten bekannt, die das Klarträumen als Medium in der Psychotherapie einsetzen: Andrew BRYLOWSKI, ein Psychiater in Texas, hat anläßlich der ASD-Konferenz (Association for the Studies of Dreams) 1989, über seine Erfahrungen bei der Behandlung von Borderline-Klienten mit Hilfe luzider Träume berichtet, und Norbert SATTLER, ein deutscher Gestalttherapeut, betreut Klienten in privater Praxis.

So mußte ich mich also fast auf Neuland begeben, als ich begonnen habe, meine Klienten zusätzlich zur herkömmlichen therapeutischen Betreuung mit dem Konzept des Klarträumens bekannt zu machen. Ich hatte angenommen, daß das Klarträumen in Gruppen leichter zu erlernen wäre, und habe deshalb eine Kleingruppe von Klienten zusammengestellt. Nachdem ich mit den Klienten zunächst einzeln Kontakt aufgenommen habe, stellte ich ihnen das Konzept des luziden Träumens vor und besprach Techniken der Herbeiführung dieses Traumzustandes. Außerdem habe ich vorgeschlagen, daß jeder ein Traumtage(nächte)-buch führen sollte. Im weiteren habe ich mit allen nach gestalttherapeutischem Prinzip je nach „Gefordertheit der Lage“ gearbeitet, wobei der Heilungsprozeß der Klienten im Vordergrund stand und die Möglichkeit des Klarträumens nur immer wieder erwähnt wurde. Als Schwerpunkt verwendete ich die Arbeit mit Träumen.

Eine der Teilnehmerinnen, die ich in der Folge kurz P nennen werde, zeichnete sich durch große Hingabe an die Therapie und auch ungebrochenen Willen und Glauben an ihre Genesung aus. Außerdem war sie Kreativem auch aus beruflichen Gründen sehr zugeneigt und hat mit erstaunlicher Sorgfalt viele ihrer Träume aufgezeichnet.

Von ihr habe ich an die tausend Traumberichte schriftlich erhalten, denen natürlich nicht allen Bedeutung beizumessen ist, so wie wir auch nicht allen unseren Gedanken Bedeutung beimessen.

Ihre klinische Diagnose war Angstneurose, hysterische Neurose, neurotische Depression; die Einweisungsdiagnose lautete auf phobische Neurose. Sie klagte über Schmerzen im linken Thoraxbereich, Muskelverspannungen im Schulter-, Nacken- und Rückenbereich, Beklemmungszustände, klaustrophobische Anfälle mit Herzklopfen, Übelkeit und Gastritis, präcordialen punktförmigen Schmerz, Angst und Schwindel; und sie litt außerdem an ausgeprägten Tachykardien.

P nahm von März 1989 bis Mai 1990 unsere Sitzungen in Anspruch, wobei diese ab Oktober 1989 als Einzelsitzungen stattfanden. Ich mußte die Sitzungen beenden, da ich einen Auslandsaufenthalt vorbereitete, von dem ich P aber einige Monate zuvor in Kenntnis setzte. Ich konnte das vertreten, da P einerseits zu dieser Zeit so gut wie symptomfrei war, sich in der Öffentlichkeit wieder frei bewegen konnte, die Schmerzen in der Herzgegend schon seit Beginn der Therapie nachgelassen hatten und sie andererseits von einem anderen Therapeuten weiter betreut wurde, mit dem ich mich immer wieder abgesprochen hatte.

P hat in unseren letzten Sitzungen Träume berichtet, die ich als Klarträume bezeichnen möchte. Sie hatte von sich aus begonnen, Literatur, wie z. B. Stephen LaBERGES „Lucid Dreaming" zu lesen und war offensichtlich von darin beschriebenen luziden Träumen inspiriert worden.

Vom 8. Mai '90 berichtete P folgenden Traum:

> „... Dann frag' ich A., ob er wegfährt, und er sagt: ‚Ja, heute abend vielleicht.' Ich denk mir: ‚Das hab' ich doch schon einmal gehört, auch den Koffer hab' ich schon einmal wo gesehen, noch bevor ich ...' Mir kommt vor, als ob ich alles schon das zweite Mal erlebte. Ich denk' mir, ich träume, ich sag' zu A.: ‚Ich glaube, ich träume die längste Zeit.' Ich komm' mir dabei recht eigenartig vor; ich denke, die anderen sind wach. Ich sage: ‚Es kann sein, daß ich schon die längste Zeit träume.' Ich schlußfolgere und ich geh' zu A., der sagt: ‚Du träumst also.' Er sieht mir in die Augen, ich denke, jetzt müßten meine Pupillen riesengroß sein, er sieht hinein, ich sehe in seine Augen; er sagt: ‚Von hier sieht man nichts. Wie lange träumst Du denn schon und seit wann?' Er gibt mir einen Kuß, ich wache auf."

Was letztendlich den Erfolg dieser Therapie begünstigt hat, ist vermutlich auf verschiedene Einflüsse zurückzuführen: erstens das bemerkenswerte Engagement der Klientin, zweitens ihre Jugend und drittens die umfassende Betreuung. Nichtzuletzt aber vermute ich, daß sich jedenfalls bei dieser Klientin alleine durch die regelmäßige Beachtung ihrer Träume ein Selbstheilungsprozeß in Gang gesetzt hatte.

PETZOLD (1977, S. 170) gibt den Traum eines Klienten bei Therapieende wider und nennt ihn abskonditiven Traum, weil er, wie er schreibt dem Menschen seine Tiefe erschließt: „Ich werde mir plötzlich bewußt, daß ich schon einige Zeit träume. Ich gehe durch eine Landschaft von Kristallen. Eigentlich fließe ich. Hindurchfließen durch Diamant. Ich habe das starke Gefühl, zu berühren ohne zu berühren, ein Gefühl von unendlicher Gegenwart. Kristallin. Von innen alles sehend und von außen. Dieser Zustand hält an, und ich habe das Gefühl, hier ist etwas wichtiges. Der Begriff ‚kristallin' setzt sich in meinem Bewußtsein fest, während das Licht in den Kristallen weiterfließt, ich weiterfließe. Ich spüre, wie sich mein Bewußtsein zurückzieht und ich weiter zerstrahle, und das läßt mir wieder deutlich werden, daß ich träume. Die Landschaft verdunkelt sich. Ich versuche das Licht festzuhalten; es entgleitet mir; ich fühle mich ‚nach oben' gerissen. Ich will jetzt nicht erwachen und merke, wie ich erwache. Das Gefühl des Lichts hallt noch in mir nach. ...". PETZOLD (1977, S. 148) zitiert Merleau-Ponty wenn er meint: „Im Traum können wir ‚die stummen Worte fassen, die das Sein raunt'".

Zum Abschluß erlaube ich mir, noch ein bißchen zu visionieren und nenne einige Möglichkeiten, wie uns das luzide Träumen unterstützen und bereichern kann:

- Kinder können ihre Alpträume in Klarträume umwandeln oder sich einfach aufwecken und dadurch die Schrecken der Nacht bändigen;
- Folteropfer oder Opfer anderer traumatischer Erlebnisse könnten ihre Schlafenszeit verlängern und vielleicht mit Hilfe des Klarträumens die traumatischen Erlebnisse bewältigen und integrieren;
- Bei Therapiesitzungen am „Hotseat" wird versucht, Abgespaltenes zu integrieren und Traumfiguren nachzuspüren, wo doch die Möglichkeit bestünde, dies dirket im Traum als Rollenspiel durchzuführen;
- Ein „Proben" oder „Durchspielen" von ängstigenden oder schwierigen Situationen im Traum oder im Klartraum kann u. U. unser Denk-, Gefühls- und Handlungsspektrum erweitern;
- Konditionierung oder Desensibilisierung geträumt statt vorgestellt ist für einige Patientengruppen, wie z. B. Phobiker als Unterstützung in der Therapie denkbar;
- Nächtliche Asthmaattacken, die häufig dem REMschlaf entspringen und von „schlechten" Träumen begleitet werden, könnten möglicherweise durch das bis zu einem gewissen Grad kontrollierbar werden;
- Nach dem Verlust von geliebten Personen wird oft berichtet, daß sie in der Folge in den Träumen der Hinterbliebnen auftauchen: der luzide Traum bietet die Möglichkeit sich noch einmal auseinanderzusetzen, zu begegnen oder Abschied zu nehmen;
- KEKULÉ hat die Struktur des Benzolrings „geträumt";

- Besonders viele Berichte gibt es über Training in Träumen und speziell in luziden Träumen, sei es Training von Bewegungsabfolgen, wie beim Tennis oder Golf oder von Kreativem wie Gesang, Schauspiel, Sprachen und anderen „Lustbarkeiten", wodurch Virtuosität verfeinert wird;
- Nicht zuletzt wird das luzide Träumen als ein Weg zur Spiritualität, zu unbewußtem Wissen beschrieben – ein „inneren Spiegel wird geputzt".

Es ist unbegreiflich, daß sich der „Normalneurotiker" durch seine Klarträume nicht schon lange selbst hilft und sich nicht schon längst dieses Pools an Befreiung, Freiheit, Freude und Kraft als Lern-und Spielwiese erobert hat. Immerhin geben 26 % aller Österreicher anläßlich einer Umfrage der ÖGSMSF (der Österreichischen Gesellschaft zur Förderung der Schlafmedizin und Schlafforschung) 1993 an, daß sie während des Träumens schon einmal wußten, daß sie träumen.

Aber wer kommt schon auf die Idee diesen Zustand zu nutzen? Dabei könnte man sportliche Fertigkeiten trainieren, auf Kreativität und Phantasie direkt zugreifen, sich hedonistisch amüsieren oder Spiritualität und Selbstentfaltung entwickeln. Und das Ganze auch noch im Zustand körperlicher Erholung: schließlich verbringen wir bekanntlich etwa ein Zehntel unseres Lebens im REMschlaf bzw. ein Drittel im Schlaf.

Sei der Traum der Königsweg zum Unbewußten oder so flüchtig wie ein Bild-Gedanke, er ist eine Kreation des Menschen, in der er sich regelmäßig und häufig aufhält. Warum sich also hier dem Genuß der Bewußtheit und Freiheit verweigern?

FREUD hat als Reaktion auf die politschen Verhältnisse des letzten Jahrhunderts Erkennen und Wissen zur Emanzipation und Selbstwerdung als Weg aus Krankheit und Abhängigkeit angeregt (SCHORSKE, 1981, p. 181ff.).

7. Das bewußte Unbewußte

Eine Diskussion zum Konzept der Psychoanalyse im Lichte neurophysiologischer Forschung findet sich im American Journal of Psychiatry der Jahre 1977/78. Robert W. McCARLEY und J. Allan HOBSON haben dort mit ihrem Artikel „Neurobiological Origins of Psychoanalytic Dream Theory", Am. J. Psychiatry 134: 11, November 1977, eine Kontroverse entfacht, die auch noch 1991 vielfach erwähnt wurde.

Im folgenden möchte ich Hobsons Thesen wiedergeben, da ich seine Über-legungen sehr anregend finde. Ich selber habe zunächst alleine durch die Tatsache, daß luzides Träumen möglich ist, eine Erschütterung meines Denkens erfahren, das sich, wie das vieler, die sich mit Psychotherapie beschäftigen, auf die Grundannahmen der Psychoanalyse stützte. Im Laufe meiner Beschäftigung mit dem Thema hat sich letztendlich das Konzept des „Unbewußten" für mich entmystifiziert, sich als zugänglicher herausgestellt als zunächst angenommen und mich dazu angeregt, andere Konzepte zu diesem Problem in Erwägung zu ziehen. Die deterministische Festgelegtheit durch Früh-Erlebtes hat ihre Endgültigkeit und Vehemenz verloren und Konzepte wie Kontrolle und Disziplin und damit Entscheidungsfreiheit und Selbstbestimmtheit einziehen lassen.

In den USA werden die in Wien entworfenen Grundkonzepte der Psychoanalyse selbstverständlich immer noch als grundlegend und umwälzend in den „Psycho"-Alltag miteinbezogen. Gleichzeitig wird aber auch die damit verbundene „Lust am Leiden" mit einem Augenzwinkern als romantisch angeblinzelt. Als Ergänzung zum Erfassen durch Denken und Spüren hat die sogenannte harte Wissenschaft eine größere Bedeutung als im Ursprungsland. Dies wird wiederum in Europa hier aus mitunter als mechanistisch-technokratisch abgetan, als Konservativismus verworfen.

Allan HOBSON veröffentlichte in oben genanntem Artikel 1977 seine Forschungsergebnisse aus der Neurophysiologie zum Thema REMschlaf bzw. Traum und stellte im Zuge dessen den Begriff des Unbewußten, so wie er ihn psychoanalytisch versteht, in Frage. Zur Diskussion von Freuds Gedankengebäude zieht er Freuds „Entwurf einer Psychologie" heran. An diesem Projekt hat Freud im Frühjahr und

Sommer 1895 mit großer Begeisterung gearbeitet. Die „Traumdeutung“ soll, wie er selber behauptete, in groben Zügen bereits im „Entwurf einer Psychologie“ enthalten gewesen sein. Freuds Anliegen war es gewesen, seine Thesen mit dem damaligen neurophysiologischen Wissensstand in Einklang zu bringen. Leider ist es nie zur tatsächlichen Vollendung dieses Entwurfs gekommen. Ich habe mir sagen lassen, daß Psychoanalytiker heute schmunzelnd über den „Entwurf“ hinwegsehen, mit der Begründung, daß psychische Vorgänge physiologisch schlicht nicht erfaßbar sind.

Als Nichtanalytiker, aber praktizierender Psychotherapeut und Neurophysiologe, unternimmt Hobson dennoch diesen Versuch. Im Zuge dieses Unterfangens liegt es auf der Hand, auf die Wurzeln zurückzugreifen. – Wurzeln, deren Pflanzen und Blüten sich, wie ich meine, noch immer nicht in voller Pracht entfaltet haben.

7.1 Die Funktion von Neuronen

Freud kam aus der Tradition der Neurobiologie. Jedoch bereits 1895 hatte er sein Interesse an Phänomenen wie Hypnose und Hysterie entwickelt. Sein Anliegen war es, die Hirnvorgänge komplexer psychischer Phänomene zu erfassen, eine Physiologie des Geistes zu beschreiben. An oben genanntem Entwurf arbeitete er von April 1895 bis Jänner 1896. Zur selben Zeit gärten bereits seine Ideen zur Traumtheorie, von der er selber sagte, daß sie Anfang 1896 im wesentlichen entwickelt war. Freud bezeichnete „Irmas Traum“ als den Katalysator seiner Traumtheorie. Auf diesen Traum bezog er sich auch in seinem „Entwurf einer Psychologie“.

Nach heutigem neurophysiologischem Wissen waren einige von Freuds neurophysiologischen Annahmen – wie leicht verstehbar und verzeihlich – grundsätzlich falsch. Einen wesentlichen Bestandteil dieser Annahmen stellte sein Konzept zur Funktion der Neuronen dar („Prinzip der Nerventätigkeit“):

1. Er nahm er, daß die Neuronen gleichsam als Energiespeicher fungierten. Die heutigen Konzepte gehen davon aus, daß Neuronen zur Weiterleitung von Information dienen. Natürlich muß man Freud in diesem Zusammenhang zugute halten, daß z. B. die Existenz eines Ruhepotentials (der Neuronen) erst 1910 entdeckt worden ist.
2. Außerdem ging er davon aus, daß Energie sozusagen von außen ins ZNS weitergeleitet werden würde. Nach dem heutigen Wissensstand

registrieren unsere Rezeptoren zwar äußere Energiequellen wie Licht, Geräusche, Wärme usw., leiten diese aber nicht direkt in unsere Funktionskreise, sondern die Signale dieser Quellen werden in bestimmte Kodierungen von elektrischen Signalen umgewandelt, und so erkennbar, weitergeleitet. Nicht die Energie selbst wird weitergeleitet, sondern Kodierung dazwischengeschaltet, deren Substanz für alle Sinnesgebiete dieselbe ist. Freud verstand unter der Erregung von Neuronen deren Verlangen nach Energie, ein Konzept, das dem heutigen Verständnis nahezu entgegengesetzt ist: das Membranpotential wird so verändert, daß die Wahrscheinlichkeit der Entladung erhöht wird.

3. Freud sah Neuronen als passive Empfänger und Spender von Energie. Heute geht man davon aus, daß Neuronen spontan aktiviert werden. Neuronen besitzen ihre eigenen Stoffwechselenergiequellen und bilden selbstregulierende Netzwerke. Seine Annahme führte Freud zu der Anschauung, daß Gehirn und auch Psyche reagierende, im wesentlichen aber passive Instanzen wären. So nahm er etwa an, daß Träume ihren Ursprung in „Aufzuarbeitendem", also somatischen bzw. psychischen „Stimuli" haben. Spätestens seit ASERINSKY und KLEITMAN wissen wir aber, daß es so etwas wie eine rhythmische Abfolge unterschiedlicher Stadien des Schlafes gibt. So stellen die REMperioden die physiologische Grundlage des Träumens dar, die organisch begründet, jede Nacht auftreten, nahezu unabhängig davon, was tagsüber wahrgenommen oder erlebt wurde.[3]
4. Letztlich sah Freud die Neuronen als ausschließlich erregbar. Heute geht man davon aus, daß Neuronen auch hemmend wirken können. Freud nahm zwar Verteilung von Energie an, zog aber nicht in Betracht, daß Energie auch gelöscht werden könnte. Dies erstreckt sich insofern auf grundlegende Teile seines klinischen Konzepts, als er davon ausging, daß abgezweigte Impulse oder Wünsche dauernd nach Entladung verlangen und deshalb Verdrängtes in Träumen in Form von Wunscherfüllung auftauchen müsse.

[3] Dies soll nicht bedeuten, daß Trauminhalte von tagsüber Erlebtem nicht beeinflußt würden.

7.1.1 Struktur und Dynamik von Persönlichkeit

Nach Freud gelangt Energie aus der Außenwelt ein, trifft auf eine Art Schutzschicht, den „Reizschutz“, die beim Eintritt ins erste System, das der Wahrnehmungszellen, die volle Gewalt der Energie abfangen soll. Danach bewegt sich die Energie ins neuronale Hauptsystem, das psychische System. Von dort soll sich die Energie weiter in Richtung motorisches System oder Motilitätsapparat fortbewegen, wo die Energie verteilt in Form von Entbindung freigesetzt wird. Freud glaubte, daß alle primitiven Organismen nach diesem Prinzip funktionierten und prinzipiell auch Höherentwickelte.

Das Ziel der Neuronen und eigentlich des ganzen Organismus wäre es dennoch, Energie loszuwerden.

Bei Höherentwickelten sei eine zusätzliche Instanz eingeschaltet, die des Bewußtseins. Dieses System hätte sowohl Zugang zum Wahrnehmungs- als auch zum motorischen Apparat. Seine Aufgabe bestünde darin, durch die Verbindung zum psychischen Apparat, den Grad der psychischen Energie abzutasten. Ein hohes Niveau an Energie oder Ladung werde bewußt als unangenehm wahr-genommen, während Entladung oder Abfuhr von Energie lustvoll sei („Nirvanaprinzip“).

Interne Reize, wie Triebe und Instinkte, würden ohne dazwischengeschalteten Reizschutz oder einer Schwelle, den Organismus speisen und ihn gnadenlos motivieren. Weiters ging Freud davon aus, daß die Neuronen des Psychischen Apparats Gedächtnisleistungen vollbringen könnten, die je nach Anzahl von Wiederholungen die Wirkung der Kontaktschranken verringern. Freud hat damit das heutige Konzept der Synapsen vorweggenommen! „Hotspots“ neuronaler Aktiviertheit, die gleichzeitig auftreten, würden aufgrund der Potenz der Erinnerungszellen zusammengeschaltet, die die sozusagen „Bahnungen“ einkerben. Freud dachte die Erinnerungszellen in der Nähe der Wahrnehmungszellen, die beim nächsten Eintreffen eines Reizes durch die Erinnerungszellen ersetzt würden. Durch eine übermäßig starke Besetzung dieser Erinnerungszellen käme es zu Halluzinationen anstatt zu Gedächtnisleistungen.

An dieser Stelle führte Freud nun den Begriff der „Regression“ an. Er meinte, die Strömung habe eine rückläufige Besetzung, regrediere zum Wahrnehmungsende des ZNS, anstatt am üblichen Weg in die Motilität zu progredieren. Hier entspringen nun das Konzept der halluzinatorischen Wunscherfüllung und die Grundlage des Konstrukts des

„psychischen Primärvorgangs“. Der Prozeß der Regression liegt Freuds Theorie über Halluzinationen in Träumen und während psychotischer Zustände zugrunde. So definierte Freud beispielsweise die Schizophrenie als das Festhalten an den Halluzinationen.

Wie aber kommt es zu dieser Umleitung? Freud erklärte das mit einem Prinzip, wofür es auch zu seiner Zeit keinerlei Hinweise aus der experimentellen Forschung gegeben hat. Er behauptete, daß die Besetzung an einem post-synaptischen Neuron psychische Energie anziehe und so den Energiefluß von seinem „normalen“ Weg abbringe. Dies verstand Freud damals unter „Hemmung“.

Hier ist anzumerken, daß sich dieser Begriff sich gänzlich von dem neuropsychologischen der Inhibition unterscheidet. Die wichtigste Schlußfolgerung, die sich aus diesen Überlegungen ableitet, ist die, daß neuronale Energie nur verteilt bzw. abgeleitet, nicht aber auch verschwinden bzw. gelöscht werden kann. So erscheint Freuds Modell für eine Überladung des Systems recht anfällig. Eine geringere Intensität dieser Besetzung erlaube einen Vergleich zwischen Erinnertem und der tatsächlichen Wahrnehmung, was er den „Sekundärvorgang“ nannte. Diese durch Hemmung entstandenen Seitenpfade kämen durch eine spezielle Gruppe von Neuronen des psychischen Apparats, die er „Ich“ nannte, zustande.

Weiters nahm Freud an, daß die Wahrnehmung von Objekten, die sich vormals als schmerzlich erwiesen hatten, auch weiterhin mit großem Schmerz assoziiert würden. Denn die Wahrnehmung sei assoziativ mit „Schlüsselneuronen“ verbunden, deren Sekretion endogene somatische Quellen psychischer Energie stimulieren und daher Unlust verursachen. Die Hemmung des Energiestroms zu den Schlüsselneuronen nannte er „primäre Abwehr“, denselben Mechanismus der Ablenkung des neuronalen Energieflusses durch das „Ich“ bezeichnete er als „Verdrängung“, – laut Hobsons Interpretation des ersten „Entwurfs“ von Freud.

Hobson findet, daß sich das Modell eines Energiehaushaltes als problematisch erweist, da es auf ein falsches Konzept von Neuronen und Synapsen gestellt ist. Daraus leitete sich das Modell eines Organismus ab, dessen primäre Intention und Ziel die Reduktion von Spannung ist, dessen bewußte Elemente Unlust signalisieren, wenn der Energiepegel zu hoch ist, und das dem ungezügelten Bombardement interner Triebquellen ausgeliefert ist.

Weiters soll die steuernde Neuroneninstanz, das „Ich“, keinerlei Möglichkeit direkter Hemmung der Triebe besitzen. Der Organismus dürfte also, von Trieben dominiert, dauernd der Gefahr ausgesetzt sein, von diesen überschwemmt zu werden.

Da die Triebenergie also nur verschoben, nicht aber intern gelöscht oder entladen werden kann, kann es nur zu Ersatzhandlungen kommen. Dieser Gedanke basiert auf der Unveränderbarkeit nervöser Energie oder Erregung und der Abwesenheit hemmender neuronaler Kräfte. Dieses Modell läßt einen Mangel an Autonomie der psychischen Systeme nur schwer übersehen. Ein Prozeß, wie jener der spontanen Selbstheilung, wird hier also ad hoc nicht mitgedacht.

Zugutehalten muß man diesem Modell, daß es bereits den Begriff der Bahnung und eine, wenn auch heute überholte, Lerntheorie miteinbezieht. Diese frühe Verbindung zwischen Psychoanalyse und Lerntheorien ist leider weithin unbeachtet.

Freud hat den „Entwurf einer Psychologie" nie publiziert. Er ließ von seinem „Entwurf einer Psychologie" ab, da sein Konzept des Bewußtseins mit den anderen Elementen nicht zufriedenstellend in Einklang gebracht werden konnte. Er behielt aber die grundsätzlichen Prinzipien bei. Beschrieben ist der Entwurf unter anderem in den liebenswürdigen Briefen an Wilhelm Fließ, die vermitteln, mit wieviel Liebe und Enthusiasmus Freud an seine Beobachtungen und Überlegungen herangegangen ist.

7.2 FREUDs Traummodell

Im siebenten Kapitel der Traumdeutung (1900/1960) beschrieb Freud sein theoretisches Modell über Träume. Dieses psychologische Modell über den psychischen Apparat ist nahezu ident mit dem des „Entwurfs einer Psychologie".

Freud beschrieb ein System mit drei Instanzen: das Erinnerungssystem; das Unbewußte, das mit Trieben und Instinkten in Verbindung steht und keinerlei Verbindung zum Bewußtsein hat; und das Vorbewußte, am motorischen Ende gedacht, dessen Erregungsvorgänge

> „... ohne weitere Aufhaltung zum Bewußtsein gelangen können, falls noch gewisse Bedingungen erfüllt sind, z. B. die Erreichung einer gewissen Intensität, eine gewisse Verteilung jener Funktion, die man Aufmerksamkeit zu nennen hat u. dgl. Es ist gleichzeitig das System, welches den Schlüssel zur willkürlichen Motilität innehat." (FREUD 1900/1960, S. 441).

Den Auslöser zur Traumbildung dachte er im System des Unbewußten, mit der Einschränkung, daß „... die Traumbildung genötigt ist, an Traumgedanken anzuknüpfen, die dem System des Vorbewußten angehören." (FREUD 1900/1960, S. 441). Die Antriebsfeder des Traumes ordnete er dem Unbewußten zu. Diese aber wird,

> „... wie alle anderen Gedankenbildungen das Bestreben äußern, sich ins Vorbewußte fortzusetzen und von diesem aus den Zugang zum Bewußtsein zu gewinnen. Die Erfahrung lehrt uns, daß den Traumgedanken tagsüber dieser Weg, der durchs Vorbewußte zum Bewußtsein führt, durch die Widerstandszensur verlegt ist. In der Nacht schaffen sie sich den Zugang zum Bewußtsein, aber es erhebt sich die Frage, auf welchem Wege und dank welcher Veränderung. ..." (FREUD 1900/1960, S. 441).

Konzipiert wurde der Begriff dieses Zensors aber schon im „Entwurf einer Psychologie" als Neuronenset, das er für die Repression verantwortlich gemacht hatte.

Nach Freud entsteht der Traum im weiteren dadurch, daß das Ich zu schlafen wünscht – aus welchem Grund ist unklar – die Besetzung vom motorischen System zurückzieht und dadurch die Schlafparalyse eintritt. Ein Traum kommt zustande, wenn ein Tagesrest im Unbewußten einen unterdrückten Wunsch wachgerufen hat. Diese beiden schließen sich zusammen und nehmen den üblichen Fluß in Richtung Vorbewußtsein. Der Eingang des nackten (latenten) Wunsches (Inhalts) wird durch den Zensor verhindert, und von hier nimmt die Erregung einen rückläufigen Weg. „... Anstatt gegen das motorische Ende des Apparats pflanzt sie sich" über die Erinnerungssysteme „gegen das sensible fort und langt schließlich beim System der Wahrnehmungen an." (FREUD 1900/1960, S. 442). Die Erinnerungssysteme liegen eng an den Wahrnehmungssystemen des psychischen Apparates. An dieser Stelle findet die „Traumarbeit" statt: Verdichtung, Verschiebung, Symbolisierung etc. Die Verkleidung des Wunsches geht vonstatten, indem sich die Vorstellungen, die sich in den Erinnerungssystemen verbergen, mit den assoziativen Gliedern des Wunsches, die am stärksten hervortreten, verbinden. So wird der verkleidete Wunsch für den Zensor akzeptabel und kann ins Bewußtsein dringen. Freud glaubte, der Traum sei der Hüter des Schlafes, indem er das Bewußtsein vor Unerträglichem mit der dazugehörigen Erregung schütze. Über Regression meinte er:

> „... Denn eine andere Eigentümlichkeit der Traumbildung wird uns ohne Überlegung allein mit Hilfe des Schemas einsichtlich werden. Wenn wir den Traumvorgang als eine Regression innerhalb des von uns angenommenen seelischen Apparats ansehen, so erklärt sich uns ohne weiteres die empirisch festgestellte Tatsache, daß alle Denkrelationen der Traumgedanken bei der Traumarbeit verlorengehen oder nur mühseligen Ausdruck finden. Diese Denkrelationen sind nach unserem Schema nicht in den ersten Er-Systemen, sondern in weiter nach vorn liegenden enthalten und müssen bei der Regression bis auf die Wahrnehmungsbilder ihren Ausdruck einbüßen."(FREUD 1900/1960, S. 443).

In dieser Aussage liegt der Schlüssel zu Freuds Verständnis über das luzide Träumen: Denkleistungen *sind* auch im Traum durchaus möglich. Bewußtsein ist eindimensional nicht mehr denkbar.

Um Träume zu entschlüsseln, konzentrierte sich Freud bekanntlich auf die symbolische Grammatik. Relativ wenig Beachtung schenkte er formal sensorischen, zeitlichen und intensitätsunterschiedlichen Erscheinungen. Er glaubte, daß die subjektive Intensität der Wahrnehmung eines Traumes der Intensität des dahinterstehenden Wunsches entspreche. Weiters schrieb er die Wahrnehmung von wenig oder so gut wie keiner Bewegung im Traumgeschehen der Wahrnehmung der äußeren Schlafparalyse zu.

Für die Tatsache, daß Träume leicht vergessen werden, machte Freud den Zensor verantwortlich. Dieses Phänomen bildete das Standbein zur Bestätigung seiner Wunscherfüllungstheorie bei der Entstehung der Träume.

In Kapitel 4 habe ich die Transmitter und deren Wirkungsweise beschrieben, die beim Träumen aktiviert bzw. desaktiviert sind: Jene Substanzen, die im allgemeinen mit Merkleistungen in Zusammenhang gebracht werden, werden üblicherweise erst knapp nach dem Erwachen bzw. im Zuge des Erwachens wieder aktiv. Diese Beobachtung könnte uns einen Hinweis auf die physiologischen Korrelate beim luziden Träumen geben. Träume scheinen also im allgemeinen zu „vergessende" zu sein. Ihre ursprüngliche Funktion scheint sich also bereits direkt beim Träumen zu erfüllen, ein Aspekt, der gerade in bezug auf das luzide Träumen und dessen Unmittelbarkeit hervorzuheben ist. Dies soll aber nicht bedeuten, daß es müßig wäre, sich etwa im Rahmen einer Psychotherapie mit den Inhalten der Träume zu befassen. Denn immerhin haben wir potentiell die Möglichkeit, uns an Träume zu erinnern, wenn wir uns mit unserem Seelenleben beschäftigen. Vielleicht sind gerade Träume, die wir spontan erinnern, eine Art „Marker", die uns Inhalte vor Augen führen wollen.

7.3 HOBSONs Vorschlag zur Revision von FREUDs Modell

Nachdem gezeigt worden ist, daß Freud wesentliche Grundzüge seiner Theorien auf physiologischen Annahmen gründete, möchte ich im folgenden Hobsons Vorstellungen darüber beschreiben, wie die Ideen des Begründers der Psychoanalyse auf dem Boden des aktuellen Wissenstands der Neurophysiologie aussehen würden. Forschung und Theorienbildung sind gerade auf diesem Gebiet bekanntlich immer in Entwicklung und Verwandlung.

1. Als erster und wesentlichster Punkt ist anzuführen, daß wir heute wissen, daß auch der Schlaf in zyklischer Abfolge verläuft. Das heißt, wir träumen jede Nacht etwa in fünf verschiedenen Abschnitten, der Traum stellt also eine physiologische Gegebenheit dar. Die Forschung deutet darauf hin, daß das Träumen ein autochtoner, periodischer, motivational neutraler Ablauf ist, der durch das Feuern pontiner Neuronen generiert wird. Freud dagegen glaubte, daß das Träumen durch Tagesreste induziert und mit unbewußten Wünschen gekoppelt entstehe. Diese Annahme kann in ihrer Ausschließlichkeit verworfen werden, was allerdings nicht bedeutet, daß aus unseren Trauminhalten keine Tagesreste herausgelesen werden können. Mit Sicherheit läßt sich aber sagen, daß nicht jeder Traum einen derartigen Gehalt aufweist und manche, wie auch unsere Gedanken, ganz „banal" sein können.
2. Zu revidieren ist auch die Abhängigkeit des Träumens von äußeren Einflüssen. Wie die Existenz der Schlafzyklen zeigt, verursachen autochtone Aktivität, Selbstregulation (Kapitel 6) und endogene Energie, die das Gehirn speist, das Träumen auf organischer Ebene und gemäß der Isomorphieannahme auch den Vorgang des Träumens an sich. Dies läßt auf eine Selbstregulation des Organismus schließen, die Freud so nicht gekannt hat und deshalb auch nicht berücksichtigen konnte. Ich vermute, daß dies einer der Gründe sein dürfte, warum Freud in seiner Arbeit den Trauminterpretationen so viel Bedeutung beigemessen hat. Eine Interpretation gibt aber auch Aufschluß über denjenigen, der interpretiert, manchmal vielleicht

sogar mehr als über das oder den Interpretierten. Selbstverständlich haben Interpretationen oder Deutungen ihre Berechtigung, z. B. können sie im therapeutischen Prozeß hilfreich sein, dürfen aber, meiner Auffassung nach, nicht mit Ausschließlichkeitsanspruch angewendet werden. Traummaterial kann für den Klienten in ganz direkter Form ebenso hilfreich sein, auch ohne Zwischenschaltung einer Metaebene wie etwa einer Interpretation.

3. Die Anlage zum Traum befindet sich bereits im ZNS und muß nicht durch einen Tagesrest oder Ähnliches generiert werden. Daher besteht so etwas wie ein Unbewußtes nicht aus einer neuronalen Ansammlung, in der verdrängte Wünsche gespeichert werden. Dennoch sind wir uns nicht all unserer inneren Vorgänge zu jeder Zeit bewußt.
4. Auch das Konzept der Regression als abgelenkten Fluß neuronaler Energie erweist sich als unnötig bzw. falsch: Die ausführenden Zellen des Pons leiten während des Traumzustandes in dieselbe Richtung wie im Wachzustand, nur etwa 40 mal so stark. Als phänomenales Indiz zur notwendigen Revision des Konzepts der Regression im Traum ist anzuführen, daß während des luziden Träumens z. B. Denkleistungen vollzogen werden müssen, somit auch möglich sind, wenn auch nicht in derselben Weise wie im Wachzustand. Zwar sind die Korrelate dieses Vorgangs noch weitgehend ungeklärt, spekulativ kann aber gedacht werden, daß ein anderes System im Vordergrund steht. Dieses möchte ich aber nicht als regressiv möchte, sondern als durchaus progressiv, z. B. im Sinne einer Gedächtnisleistung bezeichnen.

Ich hoffe, dieses Kapitel wird nicht als Kritik an Sigmund Freud verstanden. Ich stehe seinem Werk mit großer Hochachtung gegenüber, zumal er mit sehr viel Liebe an seine Beobachtungen und Überlegungen herangegangen ist, für ein humaneres Verständnis des Menschen bahnbrechend gewirkt und letztendlich den Weg zu einem eigenverantwortlichen Selbstverständnis geebnet hat. Aber so revolutionär Freud für seine Zeit war, so abergläubisch scheinen heute jene, die mit einer Bigotterie, die der Religiosität des Mittelalters gleicht, an seinen Überlegungen festhalten und weitere Entwicklungen verschmähen. Und diese Entwicklungen hat es auf psychotherapeutischer Ebene, besonders aber auf dem Gebiet der Naturwissenschaften gegeben. Zu behaupten, die Seele könne nicht naturwissenschaftlich erforscht werden, nur weil überdacht, revidiert und erneuert werden müßte, halte ich für rigide und bei der Erforschung des Menschen für unzulässig und unverantwortlich. Und ich glaube, daß diejenigen, die die Ideen Freuds unter Einbeziehung des heutigen neurophysiologischen Wissens betrachten, nur in seinem Sinne handeln.

8. Traum und Bewußtsein

Vorausschickend möchte ich illustrieren, wie der Gestalttheoretiker Paul THOLEY (1989) das Phänomen des Träumens erklärt:

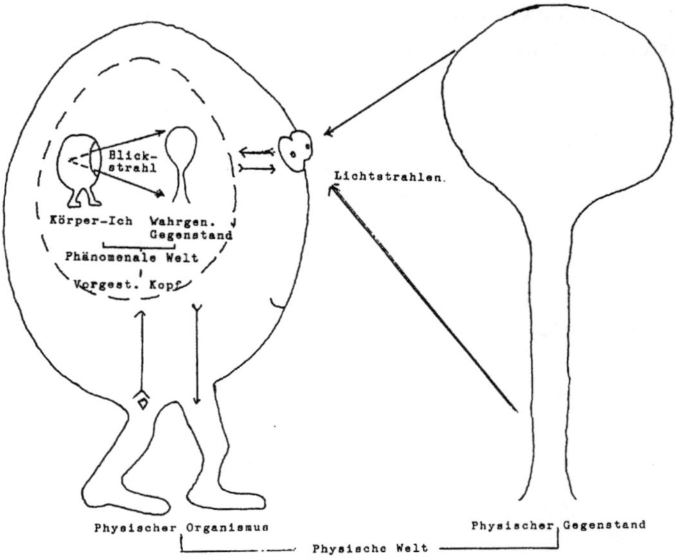

Abb. 25: *Eierkopf vor dem Baum der Erkenntnis*

Träume sind unsere ureigenen Kreationen.Geträumt wird also nach diesem Modell ausschließlich innerhalb des Organismus. Dieser Auffassung ist sinngemäß auch Stephen LaBERGE. Innerhalb dieses Organismus (Männchen oben) sind verschiedene „Instanzen" gedacht. Eine davon ist für das Verständnis des luziden Träumens von besonderer Bedeutung: Bewußtsein, womit untrennbar das Unbewußte verbunden ist.

8.1 Luzider Traum und Bewußtsein

8.1.1 Zur Physiologie und Epistemologie des Ich-Bewußtseins

GUTTMANN (1992) bezieht in seier Arbeit sowohl „harte Daten" als auch epistemiologische Überlegungen mit ein. Dabei kann Ich-Bewußtsein auch mit nicht hoch aktivierten physiologischen Zuständen einhergehen. Um verschiedene „Bewußtseinszustände" ordnen zu können, setzt er voraus, daß Aktivierung un Ich-Erleben unabhängig voneinander auftreten und spannt folgendes Koordinatensystem auf:

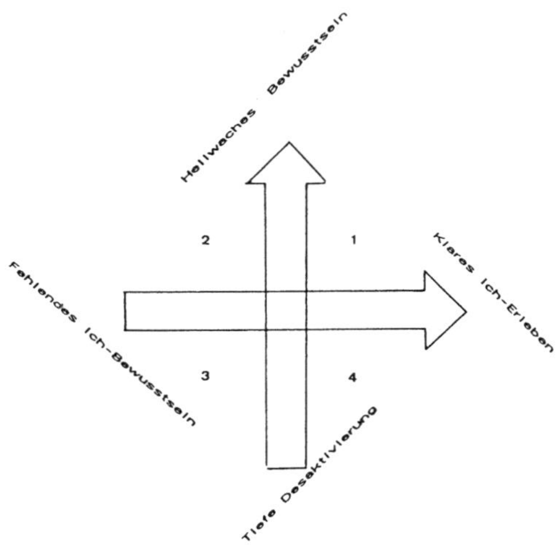

Abb. 26: *Aktivierung und Ich-Erleben – zwei unabhängige Bewußtseinsdimensionen (GUTTMANN).*

Diese Mehrdimensionalität läßt nahtlos das Phänomen des luziden Träumens zuordnen. GUTTMANN beschreibt die vier Felder folgendermaßen:

Im ersten Quadranten (1) liegt der „normale Alltag". Dem dritten Quadranten (3) wird der „bewußtlose" Zustand des Tiefschlafes zugeschrieben:

Desaktiviertheit ohne jegliches Ich-Erleben. Dem zweiten Quadranten (2) ordnet er das psychische Zustandsbild einer hohen Aktiviertheit ohne Ich-Erleben zu, worunter er „Satori" versteht und dem vierten Quadranten (4) das luzide Träumen.

8.1.2 HOBSONs Würfelmodell

Im Anschluß an seine letzten Forschungsergebnisse hat HOBSON ein Modell entwickelt, das den Bewußtseinszustand des Traumes verdeutlichen soll. Er versucht darin auch Grenzfälle des Bewußtseins einzufangen, wie hypnagoge Halluzinationen, Alpträume und sonstige Abweichungen vom „normalen" Bewußtseinszustand. Er nimmt dabei an, daß der Zustand des „Gehirn/Geists" (‚brain/mind'), sich über eine Funktion der Aktiviertheit (‚activation'), einer Inputquelle (‚input source'), definiert, wobei Modulation (‚modulation') und externe und interne Stimulation gemeint sind. Hobson geht von der Isomorphie-annahme aus, die besagt, daß sich geistige Vorgänge körperlich widerspiegeln. Die dahinterstehende Theorie nennt er „AIM" – activation / input-source / modulation. Aus diesen drei Faktoren kreiert er ein dreidimensionales Zustands-Raummodell, in dem verdeutlicht werden soll, wie sich der Bewußtseinszustand etwa innerhalb eines Tages verändert. Der I-Faktor erklärt sich aus dem Verhältnis zwischen aminergischem und cholinergischem Input an den Kortex. Aufgrund des detaillierten Wissens über die chemischen Vorgänge, kann der Bewußtseinszustand gleichsam mathematisch errechnet werden. Um unsere Zuordnung für luzides Träumen in diesem Modell sichtbar zu machen, habe ich in folgender Abbildung mit Kreuzchen gekennzeichnet, wo der Zustand des luziden Träumens in diesem Modell „anzusiedeln" ist.

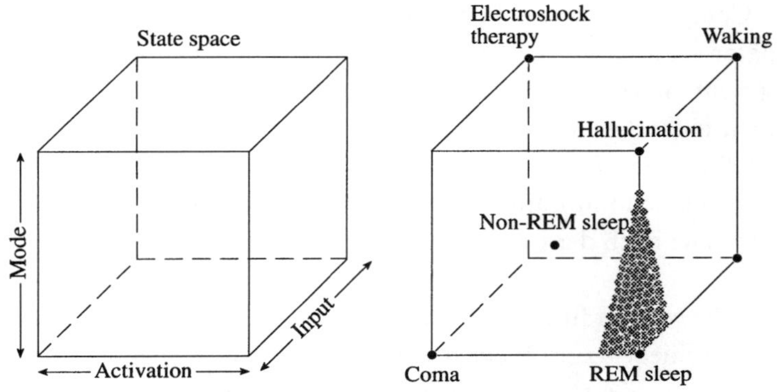

Abb. 27: *Einordnung des luziden Träumens in Hobsons AIM-Modell.*

9. Ideen, Ausblicke und Schwärmereien

Die Klartraumforschung hat eigentlich gerade erst begonnen. Deshalb möchte ich mir noch erlauben, von einigen Möglichkeiten zu schwärmen, wohin sie sich entwickeln könnte.

• Wie erwähnt, ist eine Hypothese zur Traumentstehung die „Scanning"-Hypothese. Sie besagt, daß der Inhalt des Traumes von den Augen (durch interne Stimuli [PGO] verursacht), wie ein Film abgetastet wird. So haben ROFFWARG, DEMEMT et al. (1962) nach erzählten Träumen die Anzahl und Richtung der Augenbewegungen geschätzt und sind wiederholt zu erstaunlichen Übereinstimmungen bei der „objektiven" Anzahl und Richtung der Augenbewegungen gekommen.

Auch diese Beobachtung veranlaßt zu der Annahme, daß im Gehirn während des REMschlafes ähnliches wie im Wachzustand vor sich geht. Allerdings kommt der Anstoß im REMschlaf nicht von „außen", sondern von „innen", wahrscheinlich aus dem pontinen Bereich des Hirnstammes. Ich meine damit die bereits erwähnten Impulse aus dem Hirnstamm – wie und warum sie dort entstehen, wissen wir allerdings noch nicht.

• Von Geburt an Blinde sehen nicht in ihren Träumen, während Leute, die später erblindet sind, sehr wohl von visuellen Traumwahrnehmungen berichten. Von-Geburt-an-Blinde haben berichtet, daß sie in ihren Träumen nicht sehen, sondern eher hören oder tasten (OFFENKRANZ, WOLPERT, OSWALD in DEMENT [1972]). Die Träume Blinder sind noch nicht ausreichend dokumentiert. Mehr darüber zu wissen, würde uns bei der Suche nach der Funktion des Träumens sicherlich weiterhelfen.

• Erforscht man Träume und deren Inhalte, ist es zielführend, sich mit den Unterschieden zum Wacherleben zu befassen, wobei man natürlich nur von der subjektiven Erfahrung und Berichten ausgehen kann. Bei der Suche nach Kriterien scheint es sinnvoll, inhaltliche und formale zu unterscheiden. Es gilt somit aufzuklären, wie sich Traum- und Wachwahrnehmung voneinander unterscheiden.

• Betrachten wir zunächst inhaltliche Kriterien: Es gibt Traumberichte, die auf den ersten Blick rein zufällig erscheinen, während sich andere anscheinend ganz plausibel aus Tagesresten zusammensetzen und wieder andere wie Schlüssel zur eigenen Psyche erscheinen. Ich erinnere z. B. an C. G. JUNGs Archetypen. Diese tief in der Persönlichkeit verankerten Muster scheinen sich sogar an den „Zeitgeist" anzupassen. Jung hätte vermutlich ein Auto nicht als archetypisch bezeichnet. Heute könnte man darüber nachdenken. Über Symbol und Symbolbildung in Träumen ist viel geschrieben und überlegt worden – die wissenschaftliche Einordnung ist allerdings noch nicht abgeschlossen. Sicherlich eines der interessantesten Themen der Traumforschung.

• Anhand einiger Traumbeschreibungen bemerkte FREUD (1900/ 1960), daß Träume mitunter wörtlich übersetzbar sind, die Traumbilder „wörtlich" genommen werden können. Ich finde, dieser Beobachtung sollte sowohl in der Therapie als auch in der Wissenschaft mehr Beachtung geschenkt werden. Überlegungen dieser Art führen unwillkürlich zu Fragen wie: Gibt es einen Zusammenhang zwischen dem Sprachzentrum und dem Vorgang des Träumens – zwischen der Welt des Bildes und der Welt des Wortes, die durch Assoziationsketten verknüpft, in verschiedener Form, Bild oder Sprache, in unser Bewußtsein dringen?

Nicht nur im Traum kommt es zu überraschenden Verknüpfungen. Bereits FREUD (1900/1960) fand derlei auch für den Witz charakteristisch.

• Eine der sicherlich beachtenswertesten Erscheinungen, die beim Träumen und vor allem beim Klarträumen auftritt, ist das spontane Problemlösen. Ich erinnere an das Beispiel von Auguste Kekulé (Kap. 1). HOBSON meinte dazu, daß Lösungen für neue Probleme in Träumen auftauchen und daß das Gehirn in diesem recht deterministischen Zustand sich eigentlich wie eine Kreativitätsmaschine benimmt. Das Gehirn sei wie ein Generator, der Rauschen erzeugt, aber kein dummer, sondern ein sehr schlauer Generator, der im Traumzustand einige Begleitumstände hat, die andere Voraussetzungen als im Wachzustand schaffen, wie z. B. die Fähigkeit zu übermäßigem Assoziieren und die Fähigkeit zum Symbolisieren.

• Die formalen Aspekte, die das Traumleben vom Wachleben unterscheiden, können weitere Aufschlüsse über das Geheimnis „Traum" in sich bergen und bei der Feststellung des Zustandes helfen. Meiner Auffassung nach, können viele dieser Bizarrheiten, wie etwa das Fliegen, durch die andersartige Funktionsweise des Vestibulärsystems im Traum erklärt werden. Im Traum gibt es keine Bewegungslosigkeit, der Träumer oder seine Traumumgebung scheinen sich ununterbrochen zu bewegen. Versucht man, die Bewegung im Traum anzuhalten, also z. B. den Blick zu fixieren, wacht man entweder auf oder wechselt die Traumszene.Warum wissen wir nicht.

• Beim luziden Träumen scheint die Beachtung der Umwelt viel dazu beizutragen, daß man bemerkt, daß man träumt. All diese Beobachtungen führen zu Fragen wie: Welche Rolle spielt das Vestibulärsystem beim Vorgang des Träumens? Liegt es daran, daß der Mechanismus des Nystagmus ausgeschaltet oder jedenfalls beeinträchtigt ist, also keine Informationen über die Lage im Raum durch die Augen „hereinkommen"? Reagiert die Verarbeitung deshalb „irritiert", oder nützt der Organismus die Geschütztheit des Schlafes und läßt den Träumer Erfahrungen machen, die er sonst nicht machen könnte, die er aber zu einer homöostatischen Balance seines Innenlebens braucht? Sind durch die Ausschaltung der sensorischen Inputs Träume mitunter um vieles lustvoller als das Erleben am Tag; oder liegt dies einfach daran, daß sich der Hirnstamm in diesem Zustand nach Belieben „austoben" kann, ... daß sich pure Antriebe aus dem Hirnstamm oder der Amygdala, vom Kortex, der Ratio oder dem Über-Ich ungebremst, in Form von Angst oder Lust ausdrücken können?

• Ein Aspekt der Bizarrheit wird aus der Diskontinuität (HOBSON 1988, S. 259) erklärt: Figuren im Traum tauchen auf, verändern sich; Handlung beginnt und verändert sich plötzlich, Dinge tauchen auf und verschwinden wieder, usw. Es läßt sich von einem Verlust des selbstreflektierenden Gewahrseins sprechen. Dieses Merkmal des Traumes, das auch als Orientierungslosigkeit aufgefaßt werden kann, und diese Art der visuellen Halluzinose und des Gedächtnisverlustes ergibt Symptome, die mit Phänomenen beim Auftreten von Geisteskrankheiten verglichen werden können. Könnten also Träume Schlüssel zum Verständnis psychotischer Zustände sein?

• Die Untersuchungen von HALL und Van de CASTLE (1966) und SNYDER (1967) haben ergeben, daß Farben nur in etwa 29 % der Träume vorkommen, wobei am häufigsten die Farbe grün aufzutreten scheint, knapp gefolgt von rot, gelb und blau, die nur halb so oft wie grün auftauchen; das Erscheinen fremder Gestalten wird nur aus etwa 10 % der Träume berichtet, von Frauen etwas öfter als von Männern. Eine großangelegte Studie zur Erfassung der Sinnesmodalitäten im Traum wäre aufschlußreich und könnte vielleicht Hinweise auf mentale Reizverarbeitung und Repräsentationsleistungen eröffnen.

• Abgesehen von einem überdimensionalen Furcht- oder Lusterleben erscheint HOBSON auch beachtenswert, daß ein Merkmal von Träumen die Qualität der Hyperassoziativität sein dürfte, so daß Transformationen des Traum-Ichs, der Traumfiguren oder der Umgebung plötzlich unerklärbar erscheinen, dennoch aber immer irgendwie in emotionalem oder assoziativem Zusammenhang stehen. Oft tritt Bizarres auf, obwohl auch dies zumeist in der großen Dunkelheit des Vergessens verschwindet. Bedeutet Vergessen aber, daß etwas ein für allemal verloren gegangen ist oder daß vielmehr alle Eindrücke, vielleicht als solche nicht mehr erkenntlich und an Informations-Cluster gebunden, unser Sein beeinflussen? Clustern sich Traumerlebnisse genauso wie Wacheindrücke oder hinterlassen sie andere Spuren? Können diese Cluster wieder in ihre Einzelbestandteile aufgespalten werden, oder ist „das Ganze etwas anderes als die Summe seiner Bestandteile“?

• Ich habe nur einen kleinen Ausschnitt der vielen Fragestellungen und denkbaren Forschungsansätze skizziert. Die Möglichkeiten, die sich durch die Klartraumforschung eröffnen, sind vielfältig für die Wissenschaft, für die Kunst und für die Psychotherapie.

In diesem Sinne: ...HAVE A (LUCID) DREAM!

Literaturverzeichnis

ACHMETIS, F. SERIM (1603): Oneirocriticae ed. Nik. Rigaltius. Paris.
ADAM, K.; OSWALD, I. (1977): Sleep is for tissue restoration. In: Journal of the Royal College of Physicians, 11: 376–388.
AGNEW, H. W.; WEBB, W. B.; WILLIAMS, R. L. (1964): The effects of stage four sleep deprivation. In: Electroencephalography and Clinical Neurophysiology, 17: 6870.
AGNEW, H. W.; WEBB, W. B.; WILLIAMS, R. L. (1967): Comparison of stage 4 and 1-REM stage deprivation. Aus: Perceptual Motor Skills, 24: 851, 1967.
ANDERSON, J. R. (1983): The architecture of cognition. Cambridge: Harvard University Press.
ANDREASSI, J. L. (1989): Psychophysiology: Human behavior physiological response. Hillsdale: Lawrence Erlbaum Associates.
ANTROBUS, J. S. (1967): Discrimination of two sleep stages by human subjects. Psychophysiology, 4: 48–55.
ANTROBUS, J. S. (1986): Dreaming: Cortical activation and perceptual threshold. Journal of Mind and Behavior, 7: 193–212.
ANTROBUS, J. S. (1987): Cortical Hemisphere Asymmetry and Sleep mentation. In: Psychological Review 1987, Vol. 94, No. 3, 359–368. New York: American Psychological Association.
ANTROBUS, J. S. (1991): Dreaming: Cognitive Processes During Cortical Activation and High Afferent Thresholds. In: Psychological Review, Vol. 98, No. 1, 96–121.
ANTROBUS, J. S.; FISHER, C. (1965): Discrimination of dreaming and nondreaming sleep. Archives of General Psychiatry, 12, 395–401.
AQUIN, T. von (1947): Summa theologica (Vol. 1). New York: Benzinger Brothers.
ARISTOTLE (1952): On Dreams. In: HUTCHINGS, R. M., ed.: Great Books of the Western World. Vol. 8, (702–706). Chicago: Encyclopedia Britannica.
ARISTOTLE (1933): Parva Naturalia (Ross, W. D., Ed., Beare, J., Trans.). Oxford: Clarendon.
ARKIN, A. M.; ANTROBUS, J. S.; ELLMAN S. J. (1978): The Mind in Sleep:Psychology and Psychophysiology. Hillsdale: Lawrence Erlbaum Associates.
ARMITAGE, R.; HOFFMANN, R.; MOFFITT, A.; SHEARER, J. (1985): Ultradian rhythms in interhemispheric EEG during sleep: A disconfirmation of the GILD hypothesis Sleep Research, 14, 286.
ARNOLD-FORSTER, M. (1921): Studies in dreams. London: Allen & Unwin.
ARTEMIDOROS aus DALDIS (1881): Symbolik der Träume. ‹bersetzt von Friedr. S. Kraufl: Wien.
ASDA – American Sleep Disorders Association (1990): ICSD – International Classification of Sleep Disorders. Lawrence, Kansas: Allen Press.
ASERINSKY, E. (1971): Rapid eye movement density and pattern in the sleep of young adults. Psychophysiology, 8: 361–375.
ASERINSKY, E.; KLEITMAN, N. (1953): Regularly occuring periods of eye motility and concomitant phenomena during sleep. Aus: Science, 118: 273.
BACHELARD, G. (1987): Poetik des Raumes. Frankfurt/Main: Fischer.
BAKER, R. (1972): The effects of REM sleep on the retention of visual tasks. Psychophysiology, 9: 107.

BARRETT, D. (in press): A Comparison of Dream Content of Depressed Vs. Non-Depressed Dreamers.
BAUER, H. (1984): Experimentelle Elektroenzephalographie. Bern: Hans Huber.
BECK, A.; HURVICH, M. (1959): Psychological correlates of depression. In: Psychosom. Med., 21: 50.
BECK, A.; WARD, C. (1961): Dreams of depressed patients. In: Arch. Gen. Psychiat., 5: 66.
BECK, J. (1982): Organization and Representation in Perception. Hillsdale: Lawrence Erlbaum Associates.
BECKER, D. (1972): Hirnstromanalysen affektiver Verläufe. Göttingen: Hogrefe.
BECKER, R. de (1965): The Understanding of Dreams. N.Y.: Bell.
BERADT, Ch. (1981): Das Dritte Reich des Traums. München: Suhrkamp.
BERGER, H. (1929): ‹ber das Elektroenzephalogramm des Menschen. In: Archive für Psychiatrie und Nervenkrankheiten, 87: 527–570.
BISCHOF, N. (1966a): Erkenntnistheoretische Grundlagenprobleme der Wahrnehmungspsychologie. In: Metzger W. (Hrsg.): Handbuch der Psychologie. Bd. 1,1. Hbd., 21 79. Göttingen.
BIRBAUMER, N. (1991): Biologische Psychologie. Heidelberg: Springer.
BORBELY, A. (1986): Secrets of Sleep. New York: Basic Books. (deutsche Ausgabe [1984]: Das Geheimnis des Schlafs: Neue Wege und Erkenntnisse der Forschung. Stuttgart: Deutsche Verlags-Anstalt GmbH)
BOSINELLI, M.; CICOGNA, P. (1984): Psychology of dreaming. Bologna: Cooperativa Libraria Universitaria Editrice.
BRETON, A. (1986): Die Manifeste des Surrealismus. Hamburg: Rowohlt.
BRYLOWSKY, A.; LaBERGE, S.; LEVITAN, L.; BOOTH, F.; NELSON, L. (1986): H-reflex suppression in lucid vs. non-lucid REM sleep. Manuscript submitted for publication.
BROWN, A. E. (1936): Dreams in which the dreamer knows he is asleep. Journal of Abnormal Psychology, 31: 59–66.
BRUSH, C.B. (1972): The selected works of Pierre Gassendi. New York: Johnson Reprint Corp.
BUSER, P.A.; ROUGEUL-BUSER, A. (1978): Cerebral correlates of conscious experience. Amsterdam: North-Holland Publishing Company.
BUSS, A. H. (1980): Self-Consciousness and social Anxiety. San Francisco: W. H. Freeman.
CARRINGTON, P. (1972): Dreams and Schizophrenia. In: Archives of General Psychiatry, 26: 343–50.
CARTWRIGHT, R. D. (1972): Sleep fantasy in normal and schizophrenic persons. In: Journal of Abnormal Psychology, 80: 275.
CARTWRIGHT, R. D. (1974a): The influence of a conscious wish on dreams. In: Journal of Abnormal Psychology, 83: 387–393.
CARTWRIGHT, R. D. (1974b): Problem solving: Waking and dreaming. In: Journal of Abnormal Psychology, 83: 451–455.
CARTWRIGHT, R. D. (1977): Night life. Explorations in Dreaming. Englewood Cliffs: Prentice-Hall.
CARTWRIGHT, R. D. (1978): A Primer on Sleep and Dreaming. Reading: Addison-Wesley.
CARTWRIGHT, R. D.; LOYD, S.; KNIGHT, S.; TRENHOLME, I. (1984): Broken Dreams: A study of the effects of divorce and depression on dreams content. Psychiatry, 47: 251–259.
CASTALDO, V. (1969): Down's syndrome: A study of sleep patterns related to level of mental retardation. American Journal of Mental Deficiency, 74: 187.

CLEMES, S.; DEMENT, W. (1967): Effect of REM sleep deprivation on psychological functioning. Journal of Nervous and Mental Disease, 144: 485.
COHEN, D. (1974): Toward a theory of dream recall. Psychological Bulletin, 81:138–154.
COHEN, D. (1979): Sleep and Dreaming: Origins, Nature and Functions. Oxford: Pergamon Press.
COHEN, D.; COX, C. (1975): Neuroticism in the sleep laboratory: Implications for representational and adaptive properties of dreaming. Journal of Abnormal Psychology, 84: 91–108.
COHEN, G. (1973): Hemispheric differences in serial versus parallel processing. In: Jounal of Experimental Psychology, 97: 349–356.
COLES, M. G. H.; DONCHIN, E.; PORGES, St. W. (1986): Psychophysiology. New York: Guilford Press.
COOPER, R.; OSSELTON, J. W.; SHAW, J. C. (1984): Elektroenzephalographie. Stuttgart: Gustav Fischer, (3. Auflage).
DANE, J. (1984): An empirical evaluation of two techniques for lucid dream induction. Unpublished doctoral dissertation, Georgia State University.
DAVIDSON, R. J. (1984): Affect, cognition and hemispheric specialization. In: C. E. IZARD, J. KAGAN & R. ZAJONC (Eds.): Emotion, cognition and behavior. New York: Cambridge University Press.
DAVIDSON, R. J.; SCHAFFER, C. E.; SARON, C. (1985): Effects of lateralized stimulus presentation on the self-report of emotion and EEG asymmetry in depressed and nondepressed subjects. In: Psychophysiology, 22: 353–364.
DAVIDSON, R. J. (1988): EEG measures of cerebral asymmetry: conceptual and methodological issues. In: International Journal of Neuroscience, 39: 71–89.
DEMENT, W. (1955): Dream recall and eye movements during sleep in schizophrenics and normals. In: J. Nerv. Ment. Dis., 122: 263.
DEMENT, W. (1969): The effect of dream deprivation. Science, 131: 1705–1707.
DEMENT, W. (1972): Some must watch while some must sleep. New York: W. W. Norton & Co.
DEMENT, W. (1996): Sleepwatchers (2nd edition). Menlo Park: Nychthemeron Press.
DEMENT, W.; KLEITMAN, N. (1957): Cyclic variations in EEG during sleep and their relation to eye movements, body motility, and dreaming. EEG and Clinical Neurophysiology, 9: 673–690.
DEMENT, W.; WOLPERT, E.A. (1958): The relation of eye movements, body motility, and external stimuli to dream content. Journal of Experimental Psychology, 55(6): 543–553.
DEMENT, W.; MITLER, M. (1975): An overview of sleep research: Past, present, and future. In: American Handbook of Psychiatry (Revised Edition, Vol, VI), New York: Basic Books.
DEMIN, N. N.; RUBINSKAYA, N. L. (1974): Doklady Akademii Nauk, 214: 940.
DESCARTES, R. (1972): Meditationen. Hamburg: Felix Meiner (Nachdruck).
DESCHARNES, R.; N...RET, G. (1992): Salvador Dali (1904–1989). Köln: Benedikt Taschen Verlag.
ELLIS, H. (1965): The world of dreams. London: Allen & Unwin.
EVANS-WENTZ, W. Y. (1935): Tibetan yoga and secret doctrines. London: Oxford University Press.
FAHRENBERG, J. et al. (1979): Psychophysiologische Aktivierungsforschung. München: Minerva.
FARADAY, A. (1972): Dream Power. New York: Berkley Medallion Books.
FARADAY, A. (1978): Deine Träume Schlüssel zur Selbsterkenntnis. Frankfurt: Fischer.

FEINBERG, I. (1968): Eye movement activity during sleep and intellectual function in mental retardation. Science, 159: 1256.

FEINBERG, I.; KORESKO, R.; GOTTLIEB, F.; WENDER, P. (1964): Sleep encephalographic and eye movements pattern in schizophrenic patients. In: Comprehensive Psychiatry, 5: 44–53.

FEINBERG, I.; BRAUN, M.; SCHULMAN, E. (1969): EEG sleep patterns in mental retardation. Electroencephalography and Clinical Neurophysiology, 27: 128.

FENWICK, P.; SCHATZMANN, M.; WORSLEY, A.; ADAMS, J.; STONE, S.; BACKER, A. (1984): Lucid dreaming: Correspondence between dreamed and actual events in one subject during REM sleep. Biological Psychology, 18: 243–252.

FERGUSON, J.; HENRIKSEN, S.; McGARR, K.; BELENKY, G.; MITCHELL, G.; GONDA, W; COHEN, H.; DEMENT, W. (1968): Phasic event deprivation in the cat. in: Psychophysiology, 5: 238–239.

FICHTE, I. H. (1970): Psychologie 1: Die Lehre vom bewuflten Geiste des Menschen, oder Entwicklungsgeschichte des Bewusstseins, begründet auf Anthropologie und innerer Erfahrung. Aalen: Scientia Verlag (Neudruck der Ausgabe Leipzig 1864).

FINKE, R. A. (1980): Levels of equivalence in imagery and perception. Psychological Review, 87: 113–132.

FISHBEIN, W. (1981): Sleep, Dreams and Memory. Advances in Sleep Research, Vol. 6. N.Y.: Spectrum Publications.

FISHBEIN, W.; KASTANIOTIS, C.; CHATTMAN, D. (1974): Paradoxical sleep: Prolonged augmentation following learning. Brain Research, 79: 61–75.

FISHER, Ch. (1957): A Study of the Preliminary Stages of the Construction of Dreams and Images. Journal of American Psychoanalyt. Association 5: 5–60.

FISS, H. (1980): Dream content and response to withdrawal from alcohol. In: Sleep Research, 9: 152.

FISS, H. (1989): An Experimental Self Psychology of Dreaming: Clinical and Theoretical Applications. In: GOLDBERG, A. (Ed.): Progress in Self Psychology, Vol. 5.

FISS, H. (1990): Experimental Strategies for the Study of the Function of Dreaming. In: The Mind in Sleep: Psychology and Psychophysiology. S. J. ELLMAN (Ed.). N.Y.: John Wiby & Sons.

FISS, H.; ELLMAN, S. J. (1973): REM sleep interruption: Experimental shortening of REMperiod duration. Aus: Psychophysiology, 10: 510–516.

FISS, H.; KLEIN, G. S.; SHOLLAR, E. (1974): "Dream intensification" as a function of prolonged REM period interruption. In: Psychoanalysis and Contemporary Science, New York: International Universities Press, pp. 399–242.

FOULKES, D. (1974): Review of Schwartz and LeFebvre (1973). Sleep Research, 3: 113.

FOULKES, D. (1978): A Grammar of Dreams. Hassocks: Harvester Press..

FOULKES, D. (1985): Dreaming: A Cognitive-Psychological Analysis. Hillsdale: Lawrence Erlbaum Ass..

FOULKES, D. (1996): Sleep and Dreams, Dream Research: 1953–1993. In: Sleep, 19(8):609–624.

FOUCAULT, M. (1986): Die Sorge um sich. Sexualität und Wahrheit 3. Frankfurt/Main: Suhrkamp.

FOX, O. (1962): Astral Projection. New York: University Books.

FREUD, S. (1925): Kleine Beiträge zur Traumlehre. Leipzig/Wien/Zürich: Internationaler Psychoanalytischer Verlag.

FREUD, S. (1959): Aus den Anfängen der Psychoanalyse: Briefe an Wilhelm Fliefl, Abhandlungen und Notizen aus den Jahren 1887–1902. Frankfurt am Main: Fischer.

FREUD, S. (1960): Die Traumdeutung. Frankfurt/Main: Fischer (erste Ausgabe 1900).

FREUD, S. (1965): The Interpretation of Dreams (J. Strachey, Ed. and Trans). New York: Avon (Erste Ausgabe 1900).

FREUD, S. (1970): Der Wahn und die Träume. Nendeln/Liechtenstein: Kraus.
FREUD, S. (1987): Entwurf einer Psychologie. In: Gesammelte Werke, Nachtragsband, Texte aus den Jahren 1885–1938. Frankfurt am Main: Fischer.
FOULKES, D. (1996): Sleep and Dreams, Dream Research: 1953–1993. In: Sleep, 19(8): 609–624.
GACKENBACH, J.: A personality and cognitive style analysis of lucid dreaming. Unveröffentlichte Dissertation, Virginia Commonwealth.
GACKENBACH, J.; La BERGE, St. (1988): Conscious Mind, Sleeping Brain. New York: Plenum Press.
GACKENBACH, J.; BOSVELT, J. (1989): Control your Dreams. New York: Harper & Row.
GARFIELD, P. (1975): Psychological concomitants of the lucid dream state. Sleep Research, 4: 183.
GARFIELD, P. (1979): Pathway to ecstasy. New York: Holt, Rhinehart und Winston.
GASSENDI, P. (1964): Opera Omnia (6 Bände). O. O.: Frommann-Holzboog-Verlag. (Erste Ausgabe 1658).
GASSER, T.; SROKA, L.; MOCKS, J. (1985): The transfer of EOG activity into the EEG for eyes open and eyes closed. In: Electroencephalography and Clinical Neurophysiology, 61: 181–193.
GEVINS, A. S.; YEAGER, C. L.; ZEITLIN, G. M.; ANCOLI, S.; DEDON, M. F. (1977): Online computer rejection of EEG artifact. In: Electrocephalography and Clinical Neurophysiology, 42: 267–274.
GILLIN, J. C.; SITARAM, N. (1982): Acetylcholine, Sleep and Depression. In: Human Neurobiology 1: 211–219.
GIRTON, D. G; KAMIYA, J. (1973): A simple on-line technique for removing eye-movement artifacts from the EEG. In: Electroencephalography and Clinical Neurophysiology, 34: 212–216.
GOLDMAN-RAKIC, P. S. (1988): Topography of cognition: parallel distributed networks in primate association cortex. In: Annual Review of Neuroscience, 11: 137–156.
GOLDMEIER, E. (1972): Similarity in Visually Perceived Forms. New York: International University Press.
GOLDMEIER, E. (1982): The Memory Trace: Its Formation and Its Fate. Hillsdale: Lawrence Erlbaum Associates.
GOLDSTEIN, L., STOLZFUS, N.; GARDOCKI, J. (1972): Changes in interhemispheric amplitude relations in the EEG during sleep. In: Physiological Behavior, 8: 811–815.
GOODENOUGH, D. R.; SHAPIRO, A.; HOLDEN, M.; STEINSCHRIBER, L. (1959): A comparison of "dreamers" and "nondreamers": Eye movements, electroencephalograms and the recall of dreams. In: Journal of Abnormal Psychology, 59: 295–302.
GOODENOUGH, D. R.; WITKIN, H. A.; LEWIS, H. B.; KOULACK, D.; COHEN, H. (1974): Repression, interference, and field dependence as factors in dream forgetting. In: Journal of Abnormal Psychology, 83: 32–444.
GOTTSCHALK, H. (1963): Reich der Träume. Gütersloh: C. Bertelsmann Verlag.
GREEN, C. (1968): Lucid dreams. London: Hamish Hamilton.
GREEN, C; McCREERY, Ch. (1996): Träume bewuflt steuern. Frankfurt/Main: Krüger.
GREENBERG, R. and DEWAN, E. (1969): Aphasia and rapid eye movement sleep. Nature, 223: 183.
GREENBERG, R.; PILLARD, R; PEARLMAN, C. (1972): The effect of REM deprivaiton on adaptation to stress. Psychosomatic Medicine, 34: 257–262.
GREENBERG, R. and PEARLMAN, C. (1975): Psychoanalytic dream continuum: The source and functions of dreams. International Review of Psychoanalysis, 2: 441–448.

GREENBERG, R. and PEARLMAN, C. (1975): REM sleep and the analytic process: A psychophysiologic bridge. The Psychoanalytic Quarterly, 44: 392–403.

GRIESSER, E.; GREENBERG, R.; HARRISON, R. (1972): The adaptive function of sleep: the differential effects of sleep and dreaming on recall. Journal of Abnormal Psychology, 80: 280–286.

GRUB, J. (1985): Das lateinische Traumbuch im Codex Upsaliensis C 664 (9. Jh.). Frankfurt: Peter Lang.

GULEVITCH, G.; DEMENT, W.; ZARCONE, V. (1967): All night sleep recordings of chronic schizophrenics in remission. In: Comprehensive Psychiatry, 8: 141–149.

GUILLEMINAULT, C.: Cataplexy. In: GUILLEMINAULT, C.; DEMENT, W. C.; PASSONANT, P. (1976), (eds.): Narcolepsy (p. 125). New York, Holliswood: Spectrum Publications.

GUTTMANN, G. (1982): Lehrbuch der Neuropsychologie. Bern, Stuttgart, Wien: Hans Huber.

GUTTMANN, G.; LANGER, G. (1992): Das Bewufltsein. Multidimensionale Entwürfe. Wien: Springer.

HALL, C.; Van de CASTLE, R. (1966): The Content Analysis of Dreams. New York: Appleton-Century-Crofts.

HALL, J. A. (1977): Clinical uses of dreams. New York: Grune und Stratten.

HALL, J. A. (1983): Jungian Dream Interpretaion. Toronto: Inner City Books.

HASKELL, R. I. (1980): "Cognition and Dream Research". In: The Journal of Mind and Behavior. New York: Institute of Mind and Behaviour.

HARTMANN, E. (1975): Dreams and other hallucinations: An approach to the underlying mechanism. In: R. K. SIEGAL & L. J. WEST (Eds.): Hallucinations (pp. 71–79). New York: Wiley.

HAURI, P. (1975): Dream content in patients remitted from neurotic depression. In: Sleep Res., 4: 185.

HAURI, P.; Van de CASTLE, R. L. (1973): Psychophysiological Parallels in Dreams. In: Psychosomatic Medicine, Vol. 35, No. 4 (July-August 1973). New York: American Elsevier Publishing Company.

HAWKINS, D. R.; MENDELS, J. (1966): Sleep Disturbance in Depressive Syndromes. American Journal of Psychiatry, 122: 411–417.

HEARNE, K. M. T. (1978): Lucid dreams: An electrophysiological and psychological study. Unpublished doctoral dissertation, University of Liverpool.

HEARNE, K. M. T. (1983): Lucid dream induction. In: Journal of Mental Imagery, Vol. 7, No. 1.

HELMHOLTZ, H. (1863): Sensations of Tone. In: WARREN, R. M.; WARREN, R. P. (Eds.) (1968): Helmholtz on Perception: Its Physiology and Development. New York: Wiley.

D'HERVEY de SAINT-DENIS, J. M. L, Marquis (1982): Dreams and the means of directing them. London: Duckworth, herausgegeben von SCHATZMAN, M. und übersetzt von FRY, N. (aus dem Französischen: "Les RÍves et Les Moyens de Les Diriger. Paris:Amyat, 1867).

HOBSON, J. A. (1988): The Dreaming Brain. N.Y.: Basic Books.

HOBSON, A. (1989): Sleep. New York: Scientific American Library.

HOBSON, J. A.; McCARLEY, R. W. (1977): The Brain as a Dream-State Generator: An Activation-Synthesis Hypothesis of the Dream Process. In: American Journal of Psychiatry 134: 1335–68, Dezember.

HOBSON, J. A.; BRAZIER, M. A. B. (1980): The Reticular Formation Revisted: Specifying Function for a Nonspecific System. New York: Raven Press.

HOBSON, J. A. et al. (1986): "Evolving concepts of sleep cycle generation: From brain to neuronal populations". In: The Behavioral and Brain Science, Vol. 9: 3. New York.

HOBSON, J. A.; STICKGOLD, R. (1994): Dreaming: A Neurocognitive Approach. In: Consciousness & Cognition, Vol. 3, No. 1.
HOLZINGER, B. (1991): Interview with Stephen LaBerge and Paul Tholey on Lucid Dreaming. In: Lucidity Letter.
HOLZINGER, B. (1991): BETA 1 – Differences during Lucid Dreaming. In: Sleep Research, Vol. 20, p. 254.
HOLZINGER, B. (1994): Der Luzide Traum – Phänomenologie und Physiologie. Veröffentlichung der Dissertation. Wien: WUV.
HOLZINGER, B. (1995): Luzides Träumen (Tonträger). Carl-Auer-Systeme Verlag: Heidelberg.
HOLZINGER, B. (1996): Physiological correlates of the gestalt of an auditory „Vexierversuch". In: Consciousness Research Abstracts of „Toward a Science of Consciousness 1996, Tuscon II", p. 90.
HOLZINGER, B. (1996): Der Luzide Traum. Betrachtungen über das Klarträumen als psychotherapeutische Technik und Prävention. In: Psychotherapie, Lebensqualität und Prophylaxe. Hrsg.: Hutterer-Krisch, R.; Pfersmann, V.; Farag, I. S. Wien NewYork: Springer.
HOLZINGER, B. (1996): Correlates of lucid dreaming. In: Japanese-German International Symposium „Sleep-Wake Disorders", S. 8.
HOLZINGER, B. (1997): Die Verwendung von Schlaf- und Traumtagebüchern in der Schlafmedizin. Diagnostische Methoden. In: Kompendium Schlafmedizin. Hg.: DGSM, Schulz, H. Augsburg: ECOMED.
HOLZINGER, B.; RIEDERER, A.; KAPFHAMMER, G.; BOLITSCHEK, J.; SKROBAL, A.; SALETU, B.; ZEITLHOFER, J. (1995): Epidemiology of Dream Behavior in Austria 1993. In: Sleep Research, 24A, p. 238.
HOLZINGER, B.; STEPANSKY, R.; RIEDERER, A.; KAPFHAMMER, G.; BOLITSCHEK, J.; SALETU, B.; ZEITLHOFER, J. (1996): Epidemiology of reported dreaming in Austria. In: J. Sleep Res. 5, Supplement 1, p. 95.
ISAACSON, R. L.; PRIBRAM, K. (1986): The Hippocampus. New York: Plenum Press.
JACOBSON, A.; KALES, A.; LEHMANN, D.; HOEDEMAKER, F. S. (1964): Muscle tonus in human subjects during sleep and dreaming. Experimental Neurology 10: 418–424.
JONES, R. M. (1970): The New Psychology of Dreaming. New York: Grune & Stratton.
JOUVET, M. (1973): Monoaminergic regulation of the sleep-waking cycle. In: Pharmacology and the Future of Man. Basel: Karger.
JOUVET, M. (1974): The role of monoaminergic neurons in the regulation and function of sleep. In: PETRE-QUADENS, O.; SCHLAG, D. J. (Eds.): Basic Sleep Mechanisms. New York: Academic Press.
JOUVET, M. (1994): Die Nachtseite des Bewufltseins – warum wir träumen. Reinbek: rororo.
JOUVET, M; MORUZZI, G. (1972): Neurophysiology and Neurochemistry of Sleep and Wakefullness. Heidelberg: Springer-Verlag Berlin.
JOVANOVIC, U. J. (1973): The Nature of Sleep. Stuttgart: Gustav Fischer.
JUNG, C. G. (1973): Memories, Dreams, Reflections. New York: Pantheon.
JUNG, C. G. (1972): Synchronicity. London: Routledge & Kegan Paul. Originally published in German as: Naturerklärung und Psyche. Zürich: Rascher Verlag, 1952.
JUNG, C. G. (1984): Dream Analysis. Princeton: Princeton University Press.
KAHAN, T.; LaBERGE, St. (1996): Cognition and Metacognition in Dreaming and Waking: Comparisons of First and Third-Person Ratings. In: Dreaming, Vol. 6, No. 4.
KELSEY, M. T. (1974): God, dreams and revelation. New York: Augsburg.
KOFFKA, K. (1935): Principles of gestalt psychology. London: Kegan.
KÖHLER, W. (1923): Psychologische Forschung 1–3. Berlin: Julius Springer.

KOHL, K. (1956): Zum Problem der Sensumotorik. Frankfurt am Main: Kramer.

KOHONEN, T. (1978): Associative Memory. Berlin: Springer.

KRAMER, M. (1970): Manifest dream content in normal and psychophathologic states. In: Arch. Gen. Psychiat., 22: 149.

KRAMER, M; WHITMAN, R; BALDRIDGE, B. (1965): Drugs and Dreams III: The effects of imipramine on the dreams of depressed patients. In: Am. J. Psychiat., 122: 411.

KRAMER, M; WHITMAN, R; BALDRIDGE, B. (1966): Dreaming in the depressed. Canad. Psychiat. Assn. J. (special supplement), 11: 178.

KRAMER, M; ROEHRS, T.; ROTH, T. (1976): Mood change and the physiology of sleep. Comprehensive Psychiatry, 17: 161–165.

KUBICKI, St.; HERRMANN, W. M. (1985): Methods of Sleep Research. Stuttgart: Gustav Fischer.

KUGLER, P. (1982): The Alchemy of Discourse. London and Toronto: Associated University Presses.

LaBERGE, S. (1979): Lucid dreaming: Some personal observations. Sleep Research, 8: 158.

LaBERGE, S. (1980a): Lucid dreaming: An exploratory study of consciousness during sleep. Doctoral dissertation, Stanford University (University Microfilms International No. 80–24, 691).

LaBERGE, S. (1980b): Lucid dreaming as a learnable skill: A case study. Perceptual and Motor Skills, 51: 1039–1042.

LaBERGE, S. (1980c): Induction of lucid dreams. Sleep Research, 9: 138.

LaBERGE, S. (1985a): Lucid dreaming. Los Angeles: J. P. Tarcher.

LaBERGE, S. (1985b): The temporal distribution of lucid dreams. Sleep Research, 14: 113.

LaBERGE, S. (1986): Unpublished data.

LaBERGE, S. (1987): Unpublished data.

LaBERGE, S. (1990): Exploring the World of Lucid Dreaming. N.Y.: Ballantine.

LaBERGE S. (1990): Lucidity: Cure for the Nightmare Plague. In: Night Light, Vol. 2, No. 1. Lucidity Institute.

LaBERGE, S.; DEMENT, W. C. (1982a): Voluntary control of respiration during REM sleep. Sleep Research, 11: 107.

LaBERGE, S.; DEMENT, W. C. (1982b): Lateralization of alpha activity for dreamed singing and counting during REM sleep. Psychophysiology, 19: 331–332.

LaBERGE, S.; GREENLEAF, W.; KEDZIERSKI, B. (1983): Physiological responses to dreamed sexual activity during REM sleep. Psychophysiology, 20: 454–455.

LaBERGE, S.; LEVITAN, L.; DEMENT, W. C. (1986): Psychophysiology of lucid dreams. Unpublished data.

LaBERGE, S.; LEVITAN, L.; DEMENT, W. C. (1986): Lucid dreaming: Physiological correlates of consciousness during REM sleep. Journal of Mind and Behavior, 7: 51–258.

LaBERGE, S.; NAGEL, L.; DEMENT, W. C.; ZARCONE, V., Jr. (1981): Lucid dreaming verified by volitional communication during REM sleep. Perceptual and Motor Skills, 52: 727–732.

LaBERGE, S.; NAGEL, L.; TAYLOR, W.; DEMENT, W. C.; ZARCONE, V., Jr. (1981): Psychophysiological correlates of the initiation of lucid dreaming. Sleep Research, 10: 149.

LAIRY, G. C.; SALZARULO, P. (1975): The Experimental Study of Human Sleep: Methodological Problems. New York: Elsevier Scientific Publishing Company.

LANGS, R. (1966): Manifest dreams from three clinical groups. In: Arch. Gen. Psychiat., 14: 634.

LAVIE, P. (1996): The enchanted world of sleep. New Haven: Yale University Press.
LENK, E. (1983): Die unbewuflte Gesellschaft. München: Matthes & Seitz Verlag.
LESLIE, B. A.; OGILVIE, R. (1996): Vestibular Dreams: The Effect of Rocking an Dream Mentation. In: Dreaming, Vol. 6, Nr. 1, pp. 1–17.
LEUNER, H. C. (1962): Die experimentelle Psychose. Berlin, Göttingen, Heidelberg: Springer.
LEVITAN, L. (1989): The story of the DreamLight. In: NightLight, Vol. 1/2.
LEVITAN, L. (1989): A comparison of three methods of lucid dream induction. In: Night Light, Vol. 1/3.
LEWIS, H. B.; GOODENOUGH, D. R.; SHAPIRO, A.; SLESER, I. (1966): Individual differences in dream recall. Journal of Abnormal Psychology, 71: 52–59.
LINDSLEY, D. B. (1939): Bilateral differences in brain potentials from the two hemisphe-res in relation to laterality and stuttering. In: Psychological Bulletin, 36: 512.
LLINAS, R. R.; PAR..., D. (1991): Of Dreamging and Wakefullness. In: Neuroscience, Vol. 44, No. 3, pp. 521–535.
MACH, E. (1922): Die Analyse der Empfindungen und das Verhältnis des Physischen zum Psychischen. Jena: Gustav Fischer, Neunte Auflage.
MacFAYDEN, V. M.; OSWALD, I.; LEWIS, S. A. (1973): Starvation and human slow wave sleep. Journal of Applied Physiology, 35: 391–394.
MacKENZIE, N. (1965): Dreams and dreaming. New York: Vanguard.
MALCOLM, N. (1959): Dreaming. London: Routledge.
MALUMUD, J. R. (1978): The development of a training method for the cultivation of "lucid" awareness in fantasy, dreams, and waking life. Unpublished doctoral disser-taion, New York University.
MALCOLM, N. (1959): Dreaming. London: Routledge.
MAMELAK, A. N.; HOBSON, J. A. (1989): Dream bizarreness as the cognitive correlate of altered neural behavior in REM sleep. In: Journal of Cognitive Neuroscience, 3: 201–222.
MAQUET, P.; PETERS, J. M.; AERTS, J.; DELFIORE, G.; DEGUELDRE, Ch.; LUXEN, A.; FRANCK, G. (1996): Functional neuroanatomy of human rapid-eye-movement sleep and dreaming. In: Nature, Vol. 383, pp. 163–166.
MASLOW, A. H. (1981): Motivation und Persönlichkeit. Reinbek bei Hamburg: Rowohlt.
McCARLEY, R. W., HOBSON, J. A. (1977): The Neurobiological Origins of Psychoana-lytic Dream Theory. In: American Journal of Psychiatry 134: 1211–21, Nobember.
McCARLEY, R. W.; HOFFMAN, E. (1981): REM Sleep Dreams and the Activation-Syn-thesis Hypothesis. In: American Journal of Psychiatry 138: 7.
McCLEARY, R. A.; MOORE, R. Y. (1965): Subcortical Mechanisms of Behavior. N.Y.: Basic Books.
McGINTY, D. J. (1969): Effects of prolonged isolation and subsequent enrichment on sleep patterns in kittens. Electroencephalography and Clinical Neurophysiology, 26: 332–337.
MEIER-EWERT, K.; SCHULZ, H. (Hg.) (1990): Schlaf und Schlafstörungen. Heidelberg: Springer.
MEIER-FABER, B. (1988): Psychophysiologische Faktoren der REM-Traumerinnerung. Dissertation. Zürich: Zentralstelle der Studentenschaft.
METZGER, W. (1962): Schöpferische Freiheit. Frankfurt am Main: Waldemar Kramer.
METZGER, W. (1975): Gesetze des Sehens. Frankfurt am Main: Waldemar Kramer.
METZGER, W. (1975): Psychologie. Darmstadt: Dr. D. Steinkopff.
MILLER, J. (1969): Dreams during varying stages of depression. In: Arch. Gen. Psychiat., 20: 560.

MOERS-MESSMER, H. von (1938): Träume mit der gleichzeitigen Erkenntnis des Traumzustandes. Archive für Psychologie, 102: 291–318.

MOFFIT, A.; HOFFMANN, R.; WELLS, R.; ARMITAGE, R.; PIGEAU, R.; SHEARER, J. (1982): Individual differences in pre- and post-awakening correlates of dream reports following awakenings from different stages of sleep. In: the Psychiatric Journal of the University of Ottawa, 7: 111–125.

MONROE, L. (1967): Psychological and physiological differences between good and poor sleepers. Aus: Journal of Abnormal Psychology, 72: 255.

MURRAY, D. J. (1983): A History of Western Psychology. N.J.: Prentice-Hall, Englewood Cliffs.

MYERS, F. W. H. (1887): Automatic Writing – 3. Proceedings of the Society for Psychical Research 4, part II.

NARAYANA, R. (1922), Ed.: The dream problem and its many solutions in search after ultimate truth (Vols. 1 & 2). Delhi, India: Practical Medicine.

NORBU, N. (1992): Traum – Yoga. Bern: O. W. Barth.

NUNEZ, P. L. (1981): Electric fields of the brain: the neurophysics of EEG. New York: Oxford University Press.

OKUMA, T.; SUNAMI, Y.; FUKAMA, E. (1970): Dream content study in chronic schizophrenics and normals by REMP-awakening techinique. In: Fol. Psychiat. Neur., 24: 151.

OGILVIE, R.; HUNT, H.; SAWICKI, C.; McGOWAN, K. (1978): Searching for lucid dreams. Sleep Research, 7: 165.

OGILVIE, R; HUNT, H.; TYSON, P. D.; LUCESCU, M. L.; JEAKINS, D. B. (1982): Lucid dreaming and alpha activity: A preliminary report. Perceptual and Motor Skills, 55: 795–808.

OGILVIE, R; HUNT, H; KUSHNIRUK, A; NEWMAN, J. (1983): Lucid dreams and the arousal continuum. Sleep Research, 12: 182.

OUSPENSKY, P. (1971): A new model of the universe. New York: Random House (Erste Ausgabe: 1931).

PALMER, S. (in press): Goodness, Gestalt, Groups, and Garner: Local Symmetry Subgroups as a Theory of Figural Goodness. In: LOCKHEAD, POMERANTZ (Eds.): The Perception of Structure. O. O.: Erlbaum.

PENFIELD, W. (1978): Mystery of the Mind. Princeton: Princeton University Press.

PERLS, F. (1992): Ego, Hunger & Aggression. Highland: The Gestalt Journal Press.

PERLS, F. S.; HEFFERLINE, R. F.; GOODMAN, P. (1979): Gestalttherapie. Stuttgart: Klett-Cotta.

PETZOLD, H. (1977): Theorie und Praxis der Traumarbeit in derIntegrativen Therapie. In: Integrative Therapie, 3(4): 147–175.

PETZOLD, H. (1992): Integrative Therapie: Schriften zu Theorie, Methodik und Praxis. Paderborn: Junfermann.

PIVIK, R. T. (1986): Sleep: Physiology and psychophysiology. In M. G. H. COLES; E. DONCHIN; S. PORGES (Eds.), Psychophysiology: Systems, processes, and applications (pp. 378–406). New York: Guilford Press.

POMPEIANO, O. (1967): The Neurobiological Mechanisms of the Postural and Motor Events during Desynchronized Sleep. In: Proceedings of the Association for Research of Nervous Mental Disorders 45: 351–423.

PORTELE, G. (1979): Gestalttheorie und Wissenschaftstheorie. In: Gestalt Theory, 1: 26–38.

POSNER, M. I; PETERSEN, S. E., FOX, P. T.; RAICHLE, M. E. (1988): Localization of cognitive operations in the human brain. In: Science, 240: 1627–1631.

POSNER, M. I; PETERSEN, S. E. (1990): The attentionsystem of the human brain. In: Annual Review of Neuroscience, 13: 25–42.

POSNER, M. I.; ROTHBART, M. K. (In print): Attentional Mechanisms and Conscious Experience. In: MILNER, D.; RUGG, M. (Eds.): Consciousness and Cognition: Neuropsychological Perspectives.

PÖTZL, O. (1917): Experimentell erregte Traumbilder in ihren Beziehungen zum indirekten Sehen. Z. Neur., 37: 278–349.

PÖTZSCH, R. (1993): Schlaf in der Kunst. Basel: Editiones Roche.

RAPPORT, N. (1948): Pleasant Dreams! Psychiatric Quaterley, 22: 309–317.

RECHTSCHAFFEN, A. (1978): The single-mindedness and isolation of dreams. Sleep, 1: 97–109.

RECHTSCHAFFEN, A.; KALES, A.; (Eds.); (1968): A Manual of Standardized Terminology, Techniques and Scoring System for Sleep Stages of Human Subjects. Los Angeles: BIS/BRI, UCLA.

REITMAN, J. (1971): Mechanisms of forgetting in short term memory. In: Cognitive Psychology, 2: 131–157.

REYNOLDS, C.; COBLE, P.; KUPFER, D.; SHAW, D. (1982): Depressive Patients and the Sleep Laboratory. In: GUILLEMINAULT, C. (Ed.): Sleeping and Waking Disorders. O. O: Addison-Wesley.

ROFFWARG, E.; DEMENT, W. C.; MUZIO, J.; FISHER, C. (1962): Dream imagery: Relationship to rapid eye movements of sleep. Archives of General Psychiatry, 7: 235–238.

ROFFWARG, H.; MUZIO, J. N., DEMENT, W. (1966): Ontogenetic development of the human sleep-dream cycle. Aus: Science, 152: 604–619.

ROLAND, P. E.; FRIBERG, L. (1985): Localization of cortical areas activated by thinking. J. Neurophysiol., 53: 1219–1243.

ROSENZWEIG, M. R.; LEIMAN, A. L. (1982): Physiological Psychology. Lexington, MA: D.C. Heath Co.

ROTH, G. (1996): Das Gehirn und seine Wirklichkeit. Frankfurt/Main: Suhrkamp.

RUSSELL, P. (1979): The Brain Book. New York: E. P. Dutton.

RUMELHART, D. E.; McCLELLAND, J. L. (1986): Parallel distributed processing: Explorations in the microstructure of cognition. Volume 1: Foundations. Cambridge, MA: MIT Press.

RUMELHART, D. E.; McCLELLAND, J. L. (1986): Parallel distributed processing: Explorations in the microstructure of cognition. Volume 2: Psychological and Biological Models. Cambridge, MA: MIT Press.

SACERDOTE, P. (1967): Induced Dreams. New York: Theo. Gaus, Ltd.

SAMPSON, H. (1966): Psychological effects of deprivation of dreaming sleep. Journal of Nervous and Mental Disease, 143: 305.

SCHEULER, W.; RAPPELSBERGER, P.; SCHMATZ, F. (1987): Periodicities of the Alpha-sleep pattern. In: CHASE; M. H.; McGINTY, D. J.; O'CONNOR, C. (Eds.): Sleep Research, Vol. 16. Brain Information Service, Brain Research Institute, University of California, Los Angeles, 425.

SCHEULER, W.; RAPPELSBERGER, P.; SCHMATZ, F.; KUBICKI, St.; PETSCHE, H. (1989): Temporal organization of sleep activity in the second range: periodicities of the alpha-sleep pattern. In: KUBICKI, St.; SCHEULER, W. (Eds.): Periodic Phenomena in Sleep and Quantitative Analysis. Stuttgart: Fischer.

SCHMEISER-RIEDER, A.; KAPFHAMMER, G.; BOLITSCHEK, J.; HOLZINGER, B.; SKROBAL, A.; KUNZE, M.; LECHNER, H.; SALETU, B.; ZEITLHOFER, J. (1995): Self reported prevalence and treatment of sleep disorders. In: J. Epid. Comm. Health, Vol. 94, p. 370.

SCHONBAR, R. (1965): Differential dream recall frequency as a component of life style. Journal of Consulting Psychology, 29: 468–474.

SCHORSKE, C. E. (1981): Fin-de-siËcle Vienna. New York: Random House.

SCHULZ, H; KURSAWE, H. K.; WILDE-FRENZ, J. (1993): Warum kann ich nicht schlafen? München: Piper.

SCHWARTZ, B. A.; LEFEBVRE, A. (1973): Contacts veille / P. M. O. II. Les P. M. O. morcelees. Revue d'Electroencephalographie et de Neurophysiology Clinique, 3: 165–176.

SHAH, I. (1964): The Sufis. London: Octagon Press.

SHEVRIN, H. (1986): Subliminal Perception and Dreaming. The J. of Mind and Behavior 7, Vol. 2, 3, 379–395.

SIMKIN, J. S. (1976): Gestalt Therapy. Mini-lectures. Millbrae, California: Celestial Arts.

SMITH, C.; KITAHAMA, K.; VALATX, J.; JOUVET, M. (1974): Increased paradoxical sleep in mice during acquisition of a shock avoidance task. Brain Research, 77: 221–230.

SNYDER, F. (1966): Toward an evolutionary theory of dreaming. In: American Journal of Psychiatry, 123: 121–136.

SNYDER, F. (1967): In quest of dreaming. In: WITKIN, H. A.; LEWIS, H. B.(Eds.): Experimental Studies of Dreaming. New York: Random House.

SNYDER, F. (1969): The Physiology of dreaming. In: KRAMER, M. (Ed.): Dream Psychology and the New Biology of Dreaming. Springfield, Illinois: Charles C. Thomas.

SPRINGER, S. P.; DEUTSCH, G. (1993): Left brain, right brain (4th ed.). New York: W. H. Freeman.

STAMPI, C. (1992): Why we nap. Boston: Birkhäuser.

STERN, R. (1987): Theories of the Unconscious and Theories of the Self. Hillsdale: The Atlantic Press.

STRAUCH, I.; MEIER, B. (1992): Den Träumen auf der Spur. Bern: Huber.

TART, C. (1962): Frequency of dream recall and some personality measures. Journal of Consulting Psychology, 26: 467–470.

THOLEY, P. (1980a): Erkenntnistheorie und systemtheoretische Grundlagen der Sensumotorik. Sportwissenschaft, 10: 7–35.

THOLEY, P. (1980b): Gestaltpsychologie. In: R. Asanger & G. Wenninger (Eds.): Handwörterbuch der Psychologie, pp. 178–184.

THOLEY, P. (1980c): Klarträume als Gegenstand empirischer Untersuchungen. In: Gestalt Theory, 2: 175–191.

THOLEY, P. (1981): Empirische Untersuchungen über Klarträume. In: Gestalt Theory, 3: 21–62.

THOLEY, P. (1985): Haben Traumgestalten ein eigenes Bewufltsein? In: Gestalt Theory, 7: 29–46.

THOLEY, P. (1987): Schöpferisch Träumen. Niederhausen/Ts.: Falken-Verlag.

THOLEY, P. (1989): Die Entfaltung des Bewufltseins als ein Weg zur schöpferischen Freiheit. In: Bewuflt Sein, Vol. 1, No. 1.

TORDA, C. (1980): Memory and Dreams: A modern physics approach. Chicago: Walters.

TRAVIS, L. E.; KNOTT, J. R. (1937): Bilaterally recorded brain potentials from normal speakers and stutterers. In: Jounal of Speech Disorders, 2: 239–241.

TRENHOLME, I.; CARTWRIGHT, R. D.; GREENBERG, G. (1984): Dream Dimensions Differences During Life Change. Psychiatry Research, 12: 35–45.

TUCKER, D. M.; WILLIAMSON, P. (1984): Asymmetric neural control systems in human self-regulation. In: Psychological Review, 19: 91–126.

VAN DE CASTLE, R. L.; HOLLOWAY, J. (1971): Dreams of Depressed Patients, Nondepressed Patients and Normals. Psychophysiology, 7: 326.

VAN EEDEN, W. F. (1913): A study of dreams. Proceedings of the Society for Psychical Research, 26: 431–461.

VASCHIDE, N. (1911): Le Sommeil et les RÎves. Paris: Flammarion.

VOGEL, G. W. (1975): A review of REM sleep deprivation. Archives of General Psychiatry, 32: 749–761.
WAUQUIER, A.; MONTI, J. M.; GAILLARD, J. M.; RADULOVACKI, M. (1985): Sleep: neurotransmitters and neuromodulators. New York: Raven Press.
WATSON, R. (1972): Mental correlates of periorbital potentials during REM sleep. Unpublished doctoral dissertation, University of Chicago.
WATSON, R.; LIEBMANN, K.; WATSON, S. (1976): Comparison of NONREM PIP frequency in schizophrenic and nonschizophrenic patients. Paper presented to the Association for the Psychophysiological Study of Sleep. Cincinnati, Ohio.
WEBB, W. B. (1975): Sleep: The Gentle Tyrant. New Jersey: Englewood Cliffs.
WEITZMAN, E. D. (1981): Advances in Sleep Research. Vol. 6.: Sleep, Dreams and Memory. FISHBEIN, W., (ed.), New York: SP Medical & Scientific Books.
WERNICKE, C. (1874): Der aphasische Symptomenkomplex. Breslau: Cohn und Weigart.
WERTHEIMER, M. (1959): Productive thinking. New York: Harper.
WEVER, R. (1979): The Circadian System of Man. Springer: Berlin Heidelberg New York.
WHITEMAN, J. H. M. (1961): The mystical life. London: Faber & Faber.
WILLIAMS, R.; KARACAN, I.; JURSCH, C. (1974): Electroencephalography (EEG) of Human Sleep: Clinical Applications. New York: Wiley.
WINGET, C.; KRAMER, M. (1979): Dimensions of Dreams. Gainesville: University Press of Florida.
WINSON, J. (1990): The Meaning of Dreams. In: Scientific American, Vol. 263, No. 5, November.
WITKIN, H. A. (1967): Experimantal Studies of Dreaming. New York: Random House.
WITTGENSTEIN, L. (1988): Bemerkungen über die Philosophie der Psychologie. Werkausgabe Band 7. Frankfurt/Main: Suhrkamp (3. Auflage).
WOLMAN, B. B. (1979): Handbook of dream. New York: Van Nostrand Reinhold.
ZADRA, A. L. (1995): Dimensions of Repetition and Negative Affect in Dreams and their Relation to Psychological Well-Being. Unpublished Doctoral Dissertation, McGill University.
ZEITLHOFER, J.; RIEDER, A.; KAPFHAMMER, G.; BOLITSCHEK, J.; SKROBAL, A.; HOLZINGER, B.; LECHNER, H.; SALETU, B.; KUNZE, M. (1994): Zur Epidemiologie von Schlafstörungen in Österreich. In: Wiener Klinische Wochenschrift, 106(3): 86–88.
ZIMMERMANN, W. (1970): Sleep mentation and auditory awakening thresholds. Psychophysiology, 6: 540.

Peter Schuster, Marianne Springer-Kremser

Bausteine der Psychoanalyse

Eine Einführung in die Tiefenpsychologie

Das vorliegende Buch gibt eine einführende Darstellung der Tiefenpsychologie für Studierende, Ärzte, Psychotherapeuten und interessierte Laien. – Tiefenpsychologische Erkenntnisse haben es ermöglicht, den Sinn bestimmter psychologischer Phänomene zu erfassen und damit auch die Grenzen der Veränderbarkeit durch therapeutische Einflüsse zu erweitern.

Peter Schuster, Dr. med., Facharzt für Psychiatrie, Psychoanalytiker, Oberarzt an der Universitätsklinik für Tiefenpsychologie und Psychotherapie in Wien.
Marianne Springer-Kremser, Dr. med., Univ.-Prof. für Psychiatrie, Psychoanalytikerin, Vorstand der Universitätsklinik für Tiefenpsychologie und Psychotherapie.

WUV, 4. überarb. Aufl. 1997, 152 Seiten
(WUV Studienbücher Psychologie, Band 3),
öS 218,– / DM 30,– / sFr 28,–
ISBN 3-85114-339-6

WUV-Universitätsverlag